〈 새내기 부모들의 좌충우돌 아이 재우기 〉

아가야,

제발 **잠** 좀 자라!

Schlaf, Kindlein - verflixt noch mal!
by Jirina Prekop
copyright ⓒ 1996 by Kösel-Verlag GmbH & Co., München, Germany
Illustrations by Monica May, München
Korean translation copyright ⓒ 2003 by Jeyoung Communications
Publishing House, Seoul, Korea

도모생애교육신서 7
아가야, 제발 잠 좀 자라!

지은이 · 이리나 프레코프
옮긴이 · 이미옥
초판 1쇄 찍은 날 · 2003년 6월 1일
초판 1쇄 펴낸 날 · 2003년 6월 5일
펴낸이 · 김승태
출판본부장 · 김춘태
편집 · 박지은, 이연희, 이영림
표지디자인 · 이쥴희
등록번호 · 제2-1349호(1992. 3. 31)
펴낸곳 · 예영커뮤니케이션
　　　　110-616 서울 광화문우체국 사서함 1661
　　　　유통사업부 T. (02)766-7912 F. (02)766-8934
　　　　출판사업부 T. (02)766-8931 F. (02)766-8934
　　　　E-mail : jeyoungedit@chollian.net

ISBN 89-8350-665-2　03370

값 7,000원

■ 잘못 만들어진 책은 언제든지 교환해 드립니다.

〈 새내기 부모들의 좌충우돌 아이 재우기 〉

아가야,
제발 잠 좀 자라!

이리나 프레코프 지음 / 이미옥 옮김

예영커뮤니케이션

차 례

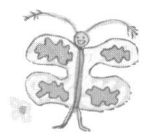

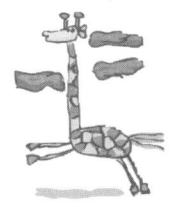

침실에서 벌어지는 한 편의 드라마

서막

"자장, 자장, 자장…. 빌어먹을! 제발 잠 좀 자!" 당신은 아이를 키우면서 분명 모순된 감정을 느껴 본 적이 있을 것이다. "내 아이, 세상에서 둘도 없는 소중한 내 아이를 벽에 던져 버리고 싶었어요."

이런 느낌은 낙담과 죄책감으로 얼룩진 감정일 것이다. 자식을 죽이고 싶다는 생각을 하는 나는 도대체 어떤 엄마일까? 어떻게 내가 낳은 자식을 벽이나 창문으로 던져 버릴 생각을 할 수 있지? 엄마로서뿐 아니라 한 인간으로서 그렇게 끔찍한 생각을 할 수 있다니, 자신에 대한 회의가 밀려온다. 당신이 꿈꿔 왔던 행복한 가족상은 한순간에 무너지고 만다.

제1막

젊은 부부들은 달콤한 잠에 빠져 있는 아이를 바라볼 때 서로 강한 애정을 느끼게 된다. 아이가 태어나기 전, 두 사람이 다정하게 손을 잡고 아기 용품 가게에 들렀던 기억도 떠오른다. 아이 침대와 새끼 양 무늬 이불을 보면서 얼마나 기뻐했던지! 우리는 너무나 축복받은 사람들임에 틀림없어! 결혼하고 나서 이렇게 행복했던 시간은 없었던 것 같아. 우리 두 사람의 작은 열매, 사랑스러운 아기는 꿈꾸면서 잠들어 있겠지? 우리 곁에 있는 것도 행복하겠지만 지금쯤 하늘나라를 꿈꾸고 있을지도 몰라….

제2막

하지만, 그들은 지금 슬픔에 빠져 있다. 아마도 이런 것이 천국에서 지옥으로 추락하는 기분이 아닐까? 아이는 침대에서 도무지 잠들려고 하지를 않는다. 아이는 누워 있지 않으려고 발버둥칠 뿐 아니라 침대 천장에 대롱대롱 달려 있는 새끼 양 모빌도 쳐다보지 않는다. 그 대신 끊임없이 소리를 지르고, 지르고 또 질러 댄다. 마치 어딘가에 찔리기라도 한 것처럼 말이다. 하지만 아프거나 배가 고픈 것은 아니다. 의사는 "모든 게 정상입니다."라고 말했고, 저녁도 이미 먹을 만큼 먹었다. 목욕을 할 때도 잔뜩 신이 나 있었고, 아빠와 장난도 쳤으며, 잘 자라고 엄마가 꼭 안아 주기도 했다. 그럼에도 불구하고 벌써 침대에 가기도 전에, 아이는 있는 힘을 다해 빽빽 소리를 지르고 있다. 등에 눈이 달려 있기라도 한 듯, 이제 자러 가야 할 시간이라는 것을 알아차린 것이다. 고무 젖꼭지를 물려 주어도 좀처럼 속지 않는다. 오히려 입을 더 크게 벌리고 소리를 지르면서 결국 젖꼭지를 뱉어 버린다. 어찌나 큰 소리로 악을 쓰는지 장난감 시계에서 흘러 나오는 모차르트의 자장가도 들리지 않을 지경이다. 곧이어 자장가는 아이의 꽥꽥거리는 소리 때문에 끔찍한 전쟁터의 소음처럼 들린다.

그래서 엄마는 할머니가 가르쳐 주신 대로 침대를 이리저리 밀어 본다. 한동안 조용한가 싶더니, 좀 세게 밀자 아이는 금세 또 고함을 지른다. "그렇다고 안아 주지는 말거라."라고 주의를 주셨던 할머니의 말씀이 기억난다. "만일 운다고 해서 안아 주면 애를 떼 놓지 못해. 네 팔에 달라붙어서 절대 떨어지지 않으려고 할 거야. 그러니 절대 그렇게 해서는 안 된다."

이미 여러 명의 아이를 길러 봤던 외할머니도 그와 비슷한 충고를 해 주셨다. 외할머니는 "아마 가스가 차서 그럴 거야."라고 하면서, 누워 있으면 위가 폐를 누르기 때문에 그렇게 된다고 설명해 주셨다. 그럴 경우에 한해서만 아이를 안고 톡톡 두들겨 줘야 하는데, 이렇게 하면 아이가 트림을 할 수 있다는 것이다. 그런데 뭔가가 잘못되었다. 침대에서 안아 올리면 아이는 곧장 울음을 그치고 트림도 하지만, 눕히자마자 다시 울기 시작하는 것이다. 그녀의 어머니는 아이가 다시 눈을 감을 때까지 기다렸다가 눈치 채지 못하게 유연한 동작으로 침대에 눕혀 보라고 제안했다. 하지만 이 말도 틀렸다! 이 꼬마 울보는 벼룩의 기침 소리도 알아듣고는 금방 울음을 터뜨리니까 말이다.

한밤중에도 이런 소동이 처음부터 다시 시작된다. 위층에 사는 이웃 사람은 아이가 우는 통에 잠을 이루지 못하자 길다란 빗자루로 벽을 쿵쿵 때려 댄다. 정말 미칠 지경이 아닐 수 없다. 절망에 빠진 엄마는 남편을 깨운다. 물론 깨우더라도 아무 소용이 없을 것이다. 남편 역시 잠을 못 자게 되는 것 외에는. 하지만 아이를 재우려면 무슨 방법이라도 다 동원해야 한다. "제발 나 좀 도와줘. 당신이 애를 재울 수 있을지 누가 알아? 나는 도저히 안 돼!"

제3막

이제 아빠는 희생할 준비를 단단히 하고 자리에서 일어나, 엄마가 이미 시도했던 할머니의 방법을 되풀이한다. 고무 젖꼭지를 물리고, 장난감 시계에서 자장가가 흘러 나오게 하고, 침대를 이리저리 흔들어 준다. 그러다가 아이를 안고 트림을 시켜 준다. 하지만 아무리 노력해도 아이는 트림을 하지 않는다. 하는 수 없이 아빠는 아이를 안고 흔들어 준다. 아빠는 문득 아이를 흔들어 주면 점점 조용해진다는 것을 알게 된다. 걸으면서 흔들어 주는 것이 가장 효과가 좋다. 어쩌면 수면 장애에 관한 그 책의 내용이 맞는지도 모른다. 그 책의 충고에 의하면 아이를 안고 이리저리 걸어다니는 것도 괜찮다고 했었다. 사실 아이는 엄마의 뱃속에서 이미 그렇게 자라지 않았는가. 또한 엄마나 아빠의 심장 박동 소리를 듣는 일이 아이에게 필요한 것인지도 모른다. 여기에 생각이 미치자 아빠는 아이를 안고 아이 방을 왔다 갔다 하더니, 거실에 나갔다가 돌아오고, 계단을 올라갔다가 다시 내려온다. 아빠는 자신이 좀 더 많이 움직일수록 아이가 조용해진다는 사실을 점차 깨닫는다. 그는 아이를 안은 채, 브라질에서 보름달을 보며 당시 애인이었던 아내와 멋진 곡에 맞춰 춤을 추던 일을 떠올리면서, 다시 그렇게 몸을 움직여 본다. 야, 정말 멋진데! 까마득하게 잊어버린 줄 알았던 스텝을 이렇게 다시 밟을 수 있다니, 게다가 내 아이와 함께!

하지만 더 신이 난 아이에게서는 아예 잠잘 기색을 찾아볼 수 없다. 왜 안 자는 걸까? 낮에 너무 많이 자서 그런가? 내일 일하러 가야 하는데, 밤새도록 이렇게 춤만 추고 있을 수는 없어.

"여보, 애 좀 받아 줘. 당신이야 낮에 쉴 수도 있지만, 난 내일 출근해야 되잖아. 안 그래?"

제4막
그러는 동안 사실 아이의 엄마는 눈을 붙일 수 없었다. 그녀는 오히려 남편의 행동에 따라 아이가 더 잠을 깨는 것, 그리고 시간이 지날수록 조용해지는 것을 불안한 느낌으로 감지하고 있었다. 그녀는 왠지, 아이와 놀아 주는 대신 하루 종일 잠만 잔 게 아니냐고 은근히 남편으로부터 책망받는 기분이 되었다. 그리고 남편이 자신보다 아이를 더 잘 돌본다고 생각하자 질투가 나기도 했다. 하지만 그녀는 출근을 하려면 잠을 자야 하는 남편을 잘 이해한다. 여기까지 생각이 미치자 그녀는 다시금 절망에 빠져 아이에게로 돌아간다. 아이에게도 화가 나고, 엄마인 자신에게는 물론 아무짝에도 쓸모없는 충고를 해 준 할머니들에게조차 화가 치민다. 그녀는 과감하게 아이를 침대에 눕힌다. "여기서 잠이나 자! 입 다물어!" 아이는 잠시 울음을 그치고 동그

렇게 눈을 뜬 채 엄마를 쳐다본다. '오, 이럴 수가! 도대체 나라는 여자는 얼마나 무서운 사람인지 모르겠어. 어떻게 이렇게까지 화를 낼 수 있는 걸까?' 그녀는 후회가 막심하여 부드럽게 아이를 안고 쓰다듬어 주지만, 이때 아이는 다시 울기 시작한다. 아이를 달래면 달랠수록 울음소리는 더 커지고, 그것은 마침내 참을 수 없을 정도의 고함소리로 변하고 만다.

위층에 사는 이웃 사람이 다시 빗자루로 벽을 두드린다. 아, 정말 참을 수 없어! 조금만 조용히 해 줘요! "그렇게 운다고 내가 아빠처럼 춤을 출 것 같니? 춰야 한다고? 그래, 알았어. 히지민 아빠처럼 불을 환하게 켜지는 않을 거야. 네가 잠을 깰 테니까. 암, 그렇게는 안 해. 엄마는 어두운 곳에서 춤을 출 거야." 그녀는 불을 끄고 아이를 안은 채리듬에 맞춰 흔들기 시작한다. 하나, 둘, 셋, 하나, 둘, 셋…. 맞아, 바로 이거야! 이 리듬은 아이가 태어나기 전부터 듣고 느꼈던 심장 박동의 템포야. 이때 그녀는 언젠가 읽었던 책의 한 부분이 생각난다. 엄마의 심장을 느낄 수 있게 아이를 꼭 안고 있으면, 그것만으로도 충분한 안정감이 제공된다고 했었지. 그녀는 어둠 속에서 그것을 시도해 본다. 조용한 가운데 심장이 뛰고 있다.

그러나 아이의 반응은 결국 귀청이 찢어지게 우는 것이었다. 아이는 엄마의 심장 박동 소리를 원하는 것이 아니었다. 엄마를 거절한 것이다. 그녀는 낙담해서 눈물을 흘렸고 비참한 기분마저 들었다. 나는 도대체 누구일까? 내가 정말 이 아이의 엄마이기는 한 걸까? 이제 두 사람이 운다. 아이는 큰 소리로, 엄마는 나지막한 소리로.

제5막

이때 아빠가 나타난다. "제기랄, 그런 식으로는 안 된다니까!" 그는 그렇듯 무자비하게 말하면서 짜증스러운 듯 울먹였다. "도저히 안 되겠어. 내가 밤에 잠을 자 본 게 도대체 언제였지? 당신은? 우리 두 사람 모두 망가지기 전에 무슨 다른 방법을 취해야 해. 아이를 할머니한테 맡기자!"

부부는 마침내 그렇게 합의를 보았다. 이들은 아기용 바구니에 아이를 눕히고 자동차 뒷좌석에 안전벨트로 고정시켰다. 출발! 밤에 아이를 안아 주지 말라고 신신당부를 하던 할머니에게 무작정 아이를 맡긴다는 것은 사실 민망한 일이었지만, 그렇게 해서 상황이 호전된다면 어쩔 수 없는 일이었다.

그런데 차를 타고 가는 도중에 믿을 수 없는 기적이 일어났다. 차가 출발한 지 얼마 되지 않아 아이가 쿨쿨 잠들어 버린 것이다. 만세! 그러자 아빠는 즉시 할머니 댁으로 향하던 방향을 바꿔 집으로 돌린다. 할머니로부터 핀잔을 받지 않아도 되다니 얼마나 다행스러운 일인가! 귀엽고 사랑스러운 아이는 차 속에서 내내 잠들어 있었다.

그러나 이야기는 여기서 끝나지 않는다. 빨간 신호등 앞에서 차를 잠시 멈추었을 때 아이가 다시 깨어나고 만 것이다. 아이의 행동을 유심히 살펴 왔던 부모는 이제 알고 있다. 아이가 푹 잠들도록 하려면 멈춰서는 안 된다는 사실을. 따라서 신호등이 없는 길로 가야만 한다. 고속도로라면 더 좋을지 모른다. 어둠 속에서 등대처럼 불을 밝히고 있는 셈이지만, 어쨌거나 이것은 하나의 해결책이 될 수 있다. 이런 식으로 한 사람씩 돌아가며 밤샘을 하면 적어도 두 사람 중 한 사람은 이틀마다 충분히 잠을 잘 수 있을 테니까. 하지만 직장에 다니면서 이런 생활을 언제까지 할 수 있을까? 걱정은 여전히 남아 있다. 어쨌거나 지금 이 순간은 위기에서 벗어났다. 근본적으로 보면 드라마가 다시 시작하기 전 짧은 휴식 시간에 불과하지만 말이다. 드라마는 어차피 계속 이어질 것이다.

해피 엔드

히지만 이 책은, 아이를 재우려고 온갖 방법을 다 동원하는 드라마가 행복한 결말을 맺는 것을 목표로 하고 있다. 그때까지 인내심을 갖고 끝까지 이 책을 읽어 나가기를 바란다. 왜냐 하면 그런 결말이란 우연이 아닌 판단력의 도움에 의해서만 얻을 수 있는 것이기 때문이다.

 머리말

친애하는 젊은 부모들에게

어쩌면 여러분들도 서문의 내용과 비슷한 경험을 해 본 적이 있는지 모르겠다. 오늘날 많은 엄마들은 아이를 안고 침대에 누워 있다가 아이가 깰 때마다 젖을 물리는 생활을 반복하고 있다. 이는 남편이 저녁 시간을 아내 없이 보내야 한다는 것을 의미한다. 아내가 마침내 부부 침실로 돌아오더라도 그녀는 더 이상 예전의 아내가 아니다. 그녀는 이제 온전히 아이에게만 우선순위를 두고 있기 때문이다. 아이가 세 살, 심지어 다섯 살이 될 때까지, 아내는 아이가 울면 하룻밤에도 몇 번이고 젖을 물리며 달래 준다. 그러면 남편은, 이런 희생을 감수하면서 과연 둘째를 또 가져야 할 것인지를 골똘히 생각하게 된다. 한편,

아내는 다른 방법을 찾을 수가 없다. 젖을 물리지 않으면 아이는 자려고 하지 않는데 도대체 어떻게 할 수 있겠는가. 고무 젖꼭지도 전혀 도움이 안 된다. 따라서 아빠는 이 게임에서 제외된다. 그가 아무리 돕고 싶어해도 도울 길이 없는 것이다.

- 어떤 엄마들은 자기도 모르게 아이를 죽이고 싶다는 상상을 하고는 스스로 깜짝 놀란다. 육체적으로 정신적으로 망가진 이들은 의사나 정신 요법 전문가를 찾아야 할 만큼 소모된다.
- 많은 아빠들이 놀라울 정도의 희생을 감수하고 있다. 그들은 사랑하는 아내의 부담을 덜어 주기 위해, 아이를 안고 밤새도록 그네를 타거나 계단을 오르내린다.
- 반면 스트레스를 견디지 못하는 아빠들도 많다. 아이가 생기면서 모든 것을 잃어버린 경우라고 할 수 있다. 아내에 대한 사랑이나 자식을 얻은 기쁨, 쉴 수 있는 집은 더 이상 그의 것이 아니다. 그들은 외로움을 느끼고 소외된다. 결혼을 하고 아이를 낳는다는 것이 이런 생활을 의미하는 것이라고는 상상도 못했었다. ─물론 여자들 역시 그러하다.─피곤에 지친 아내와의 잦은 말다툼으로 결국 이혼까지 가는 사례들도 있다. 그리고 홀로 아이를 키우는 엄마들은 어떤 도움도 받지 못한 채 혼자서 모든 어려움을 헤쳐 나가야 한다. 여러분들 주위에서도 이런 사람들을 볼 수 있을 것이다. 아이로 인해 불행해진 사례를 가까이에서 접하고 나면, 과연 아이를 낳아야 할지 망설이게 된다. 또한 직장 동

료들로부터 여러 가지 이야기를 듣기도 한다. 세상에서 가장 사랑스러웠던 아이가 끔찍한 애물단지로 변한다는 내용의 온갖 비극적인 이야기들을.

나는 독자들에게 그러한 두려움을 주려는 것이 아니라, 아이로 인한 기쁨이 무엇인지 알게 하기 위해 이 글을 쓰고 있다. 그리고 어떻게 하면 아이가 행복을 느낄 수 있는지를 소개할 것이다. 또한 젊은 부부들이 별다른 문제 없이 아이를 잘 키우고, 또다시 아이를 낳고 싶은 마음이 생길 수 있도록 도와주고 싶다. 그러면 아이를 여럿 키우는 기쁨도 알게 될 것이다. 아이에게는 형제가 필요하고, 이 세계는 인류의 역사를 이어갈 훌륭한 후세들이 필요하다.

이 문제와 관한 희망적인 사실이 있다면, 두 번째 아이부터는 첫아이를 키울 때보다 모든 것이 훨씬 수월해진다는 점이다. 아이가 잠을 안 자는 현상은 대부분 첫번째 아이에게서 나타난다. 왜 그럴까? 대답은 간단하다. 부모는 첫아이에 대해 너무 자신이 없기 때문에 아이를 부서지기 쉬운 보석처럼 다루게 된다. 부모는 아이를 건드릴 용기조차 없는 것이다. 젊은 부모들이 이토록 불안해하는 이유는 무엇일까? 이 책의 후반부에 가면, 부모가 불필요한 죄책감을 가질 필요가 없다는 사실을 보여 주는 여러 가지 이유가 등장할 것이다. 한 가지 이유를 미리 말한다면, 소가족에서 자라난 젊은 부모들이 어린아이를 돌보는 것을 배우지 못했기 때문이다. 오늘날의 젊은 엄마들이 아이를 처음으로 목욕시킬 때의 행동을 보면 알 수 있다. 이들은 혹시라도 아이를 잘못 다룰까 봐 불안해하고, 유모들이 능수능란하게 아이를 다루는 것을 보면 놀라움을 금치 못한다. 아이들은 자신들의 감각을 총동원하여 엄마의 그 같은 불안을 바로 감지하고 자신도 불안하다는 것을 표현한다. 사실 첫아이는 어쩔 수 없이 온갖 시도들을 감수해야 하는 존재이다. 상황은 옛날과 다르지 않지만, 요즘은 경험이 부족한 엄마들이 많아 육아에 대한 부담이 극에 달해 있을 뿐이다. 그러니 다음 번에 아이를 낳으면 훨씬 수월할 수밖에 없다. 아이를 많이 낳을수록, 당신이 똑같은 경험을 반복할수록 아이를 자신 있게 돌볼 수 있다.

또 한 가지 여러분들을 위로하는 충고를 할까 한다. 당신이 현재 밤마다 투쟁하다시피 재우고 있는 아이도 언젠가는 잠을 잘 자게 될 것이다. 그때가 언제라고 정확하게 말할 수는 없다. 어쩌면 사춘기가 될 수도 있을 것이다. 불안하게 하려는 뜻에서 하는 말이 아니므로, 이 말은 가볍게 농담으로 받아 주길 바란다. 하지만 한 가지 분명한 사실은, 지금 여러분들이 하는 고생이 영원히 계속되지는 않는다는 것이다. 그러니 이 시기를 어떻게든 견뎌 내야 한다.

나는 독자들과 아주 편안하게 이야기를 나누고 싶다. 마치 내 상담실 의자에 앉아서 서로 얘기를 주고받듯이 말이다. 서점에 가 보면 아이들의 불면 문제를 매우 심각한 현상으로 다루고 있는 책들이 수두룩하다. 하지만 나는 그런 책을 쓰고 싶지 않았다. 이차피 당신이 이러운 상황에 직면하게 되면 책을 읽을 여유가 없을 것이기 때문이다. 더군다나 두꺼운 책이라면 두말할 것도 없다. 가능하다면 당신은, 아이의 수면 장애 문제를 해결해 줄 뿐 아니라 어떤 의미에서는 당신을 구원해 줄 간단하고 확실한 방법을 찾고 싶을 것이다. 따라서 나는 이 책이, 미칠 것 같은 스트레스를 받지 않고서도 아이를 키울 수 있는 방법을 가르쳐 주는 일종의 길 안내판이 되었으면 한다. 이 책을 통해 아이를 키우는 기쁨을 오래도록 간직할 수 있기를 진심으로 바란다.

참을성이 부족한 부모들에게:

당신이 원한다면 모두 생략하고 5장의 '확실한 충고'부터 읽어도 된다. 하지만 이런 충고들의 명확한 이유를 알고 싶다면, 다음 페이지부터 차근차근 읽어 내려가야 할 것이다.

제1장

아이들은 안전하다고 느껴야 잠을 잔다

안전하다는 인식이나 보호되고 있다는 느낌이 없다면 어떤 사람도 잠을 잘 이루지 못할 것이다. 그렇다면 우선, 이렇게 중요하면서도 서로 다른 개념인 '안전'과 '보호'의 의미에 대해 알아보기로 하자.

안전

사람은 자신이 기대하고 있는 것들이 충족될 때 안전하다고 느낀다. 가령, 브레이크의 페달을 밟는 것은 자동차의 브레이크가 작동하기를 기대하기 때문인데, 특별한 문제만 없다면 이 브레이크 페달을 밟는 순간 자동차는 실제로 정지하게 된다. 나는 이때 브레이크의 기능이나 작동하는 과정에 대한 자신의 지식을 믿을 수 있다. 그런데 만일 브레이크가 가끔씩만 작동한다면, 이러한 일련의 지식들은 소용이 없다. 브레이크가 위험하다는 것을 알게 되면 이것을 더 이상 사용하지 않는 것은 당연한 일이다. 안전이란 이렇듯 눈에 보이는 객관적인 개념이며, 심지어 매우 기술적인 개념이기도 하다. 따라서 50퍼센트만 안전하다는 것은 있을 수 없다. 안전하든 그렇지 않든, 둘 중 하나인 것이다.

보호

이것 역시 안전이라는 개념과 비슷하게 볼 수 있다. 그러니까 이 느낌도 기대가 충족된다는 것을 믿을 수 있을 때 생겨난다. 그런데 안전과는 달리 보호된다는 느낌은 사람으로부터 얻게 된다. 이 감정에도 어중간한 상태는 존재하지 않는다. 반쯤만 보호되는 느낌이라는 것은 있을 수 없다는 뜻이다. 상대에 대한 신뢰감을 예로 들어 보면 좀 더 분명히 알 수 있다. 만일 한 남자가 가끔씩만 아내에게 충실하다면, 아내는 남편을 믿는 데 어려움을 느끼게 될 것이다. 아이 역시 자신을 가장 가까운 곳에서 보살펴 주는 사람이, 자신이 원하는 것을 해 준다는 것을 완전히 믿을 수 있어야만 보호되고 있음을 느낄 수 있다. 아이는 목소리, 시선, 냄새, 안아 줄 때의 방법 등을 통해서, 혹시 낯선 사람이 자신의 침대에 나타나지 않았는지를 알아 낸다. 이를테면 아이는 자신이 이미 수차례 봤거나 예견할 수 있는 사람만을 신뢰할 수 있다. 따라서 아이는 자신이 어떤 것을 기대하는 상황에 있을 때, 그것이 이미 잘 알고 있는 방법대로 충족되어야만 안심하게 된다. 아이는 어리고 민감할수록 환경이 변하지 않기를 원한다. 무엇보다 아이는 자신이 완벽하게 잘 보살펴지고 있다는 것을 분명하게 느껴야 한다.

이처럼 익숙한 보금자리를 원하는 아이의 욕구는 이미 태어나기 전에 생겨난 것이다. 아이는 엄마의 뱃속에서 그러한 신뢰를 가지고 있었다. 아이는 그곳에서 최초로 듣고 느꼈던 감각을 통해 편안한 느낌이 어떤 것인지를 인식하게 된다. 아이는 엄마의 심장이 규칙적으로 돌아가는 시계바늘처럼 뛰고 있다는 것을 느낀다. 자궁은 아이가 움직일 수 있는 유일한 공간이었다. 또한 변하지 않으면서도 아이가 성장함에 따라 아주 천천히 확장되는 공간이기도 했다. 그래서 아이는 자신이 보호되고 있고, 숨어 있다고 느낀다. '숨어 있는(verborgen)', '보호되는(geborgen)'이라는 두 단어는 서로 유사성을 가지고 있다. 자궁은 아이가 완벽하게 숨어 있을 수 있는 공간으로서 항상 둥글고 부드러우며, 축축하고 또한 어둡다. 자유자재로 움직일 수는 없지만, 아이는 자궁벽에 숨어서 리드미컬한 엄마의 움직임을 감지하며 균형을 이룬다. 엄마가 호흡을 할 때마다 모태에 있는 아이는 분당 16번 흔들리게 된다. ─1970년대 스탠퍼드 대학의 코너(A. Korner)는 조기 출산한 아이를 분당 16번 흔들거리는 물침대에 눕히고 실험을 한 바 있다. 흔들거리는 침대에 있는 아이들은 평범한 보통 침대에서 자는 아이들과 달리, 놀라는 일도 적고 편안하게 숨을 쉬며 잠도 더 잘 잔다는 결과가 나왔다. ─또한 엄마가 걸을 때는 분당 70~80번 흔들거리게 된다. ─유명한 행동연구학자 모리스(D. Morris)는 연구를 통해, 대부분의 아이들이 요람에서 이러한 박자에 맞춰 잠을 잔다는 사실을 밝혀 냈다. ─가령 엄마들이 반죽을 하고 삽으로 눈을 치우고 빨랫감을 헹구는 등의 일을 한다든지 춤을 추거나 체조를 하게 되면, 뱃속의 아이는 분당 100회 이상 흔들거리게 된다. —이렇게 빠른 속도는 우는 아이들에 관련된 통상적인 어떤 경험을 기억나게 한다. 우리는 아이가 왜 우는지에 대해 그다지 주의 깊게 생각해 보지도 않고, 아이가 큰 소리로 울면 울수록 더 빨리 흔들어 주려고만 한다. —이처럼 항상 흔들거리는 보금자리에서 아이는 왼쪽에서 오른쪽으로, 오른쪽에서 왼쪽으로, 밑에서 위로, 위에서 밑으로, 그리고 앞에서 뒤로, 뒤에서 앞으로 움직이고 있다는 것을 믿을 수 있다.

반복되는 리듬의 자극으로부터 발생하는 균형은 매우 중요한 의미가 있다. 균형 감각을 관장하는 곳은 태아의 초기 발달 과정에서 만들어지는 뇌의 한 부분으로서, 태아가 양수에 '떠다니는' 상태에 있을 때 최초의 지각을 전달한다. 이것은 가장 중요한 자율 신경의 기능을 관장한다(호흡, 잠 자고 깨어나는 리듬 등). 그리고 감각과 운동 능력이 함께 작용할 수 있도록 하는 기초가 된다. 하지만 아이는 자신의 리듬을 직접 관장할 수 없다. 이렇게 하기 위해서는 엄마의 힘이 필요하다. 엄마가 스스로 균형을 유지하면 아이도 내적인 균형을 이루게 되며, 이를 통해 최초의 안정을 형성하기 시작한다.

태어난 후의 아기는 엄마의 뱃속에 있을 때와 동일한 그 아늑함이 아직 변하지 않았다는 것을 느낄 수 있어야 한다. 학자들은 태어난 아기가 '생리학적 조산아(早産兒)'와 같은 매우 미숙한 상태라고 지적한다. 심지어 다른 포유류들의 새끼처럼 스스로 생활력을 갖추기 위해서는 엄마의 뱃속에 12달 동안 더 머물러야 할 정도라고 한다. 그러나 인간은 이러한 밀착된 결합을 엄마의 뱃속에서 오랜 시간 누릴 수 없으므로 신생아들은 이 결합을 엄마의 곁에서 유지해야만 한다. 무엇보다 아이는 주기적으로 흔들거리는 따뜻한 보호막을 느끼고 싶어하며, 큰 변화를 좋아하지 않는다. 변화에 대한 관심은 호기심이 증가하면서 나중에 자연히 생겨나는 것이다. 호기심은 일상 생활에서 발생하며, 처음 하는 놀이나 대화, 포옹과 같은 경험을 통해 얻어진다. 태어난 첫해에 아이는 새로운 것들을 받아들이면서 조금씩 그 범위를 넓혀 간다. 하지만 불안하거나 피곤해서 쉬고 싶다고 느낄 때, 혹은 잠

을 자고 싶을 때 아이는 자신에게 익숙한 사람과 사물, 익숙한 행동을 선호하게 된다. 그래서 아이는 엄마와 아빠의 무릎을 찾거나, 익숙한 자세로 있고 싶어하거나, 누군가가 쓰다듬어 주기를 원하고, 입에 손가락을 물기도 한다. 하루 종일 호기심과 에너지로 넘쳐나던 녀석이 갑자기 쭈글쭈글해진 분홍색 고무 젖꼭지를 입에 물고 푹신한 곰 인형을 찾는다면, 이것은 안정을 찾는다는 표시이다. 이때는 아이에게 여러 가지 다른 물건을 쥐어 줘도 아무런 효과가 없다. 예를 들어 "분홍색 말고 여기 새로 사 온 젖꼭지가 더 좋아. 꽃무늬도 있잖아."라든가, "곰 인형은 이제 치우자. 할머니가 사 오신 강아지가 더 푹신하단다."라고 유혹하더라도 아무런 소용이 없을 것이다. 아이는 습관을 좋아한다. 예측할 수 없는 변화는 아이로부터 익숙하고 신뢰할 수 있는 환경을 빼앗아 가 버리기 때문이다. 그렇게 되면 아이는 안전하다는 느낌을 가질 수 없고, 긴장도 풀 수가 없게 된다. 조용하게 쉬는 대신 요란한 쇼를 보게 된다면, 아이는 신경이 예민해져서 불안을 느끼거나, 아니면 그런 쇼가 계속되기를 원한다. 어쨌든 이러한 두 가지 경우 모두, 아이를 잠들지 못하게 하는 것은 마찬가지이다.

안전과 보호의 차이

앞에서 말했듯이, 안전하다는 느낌이란 사물의 형식과 관련이 있다(브레이크 페달, 교통 법규, 작업장에서의 안전 수칙 등). 반대로 보호에 대한 느낌은 자신과 가까운 사람과의 연대감을 통해서 얻게 된다.

그러니까 이 감정은 사랑과 관련이 있는 것이다.

어쩌면 보호가 안전보다 훨씬 광범위한 개념이라고 생각하는 사람이 있을지도 모른다. 하지만 착각이다. 사실, 안전이 없는 보호란 있을 수 없다! 안전하다는 느낌은 기초가 되어야 하고, 이것이 제대로 갖춰져야 비로소 보호되고 있다는 느낌이 생겨난다. 말하자면 안전이란 보호의 전제 조건이 되는 셈이다. 그렇다면 집의 기초와 기둥을 예로 들어 비교해 보자. 만일 집의 기초 공사가 부실하면, 당신이 아무리 집을 예쁘게 꾸며 놓았다 하더라도 무너지고 말 것이다. 이와 같이 엄마가 다정하고 희생적이며 아이의 곁에 항상 있다고 하더라도, 아이가 예견할 수 없게끔 행동한다면 그 아이는 보호된다는 것을 전혀 알 수 없다. 아이의 영혼은 자신이 보호되고 있다는 느낌을 주는 안전한 항구에 정박하기를 절실하게 원하는 까닭이다.

하지만 보호받는 느낌이 없더라도 안전하다고 느낄 수는 있다. 모든 사람들은 건강한 수면을 취하기 위해 안전하다는 느낌을 필요로 한다. 오늘날에 비해서 과거에 수면 장애가 드물었던 이유도 바로 여기에서 찾을 수 있을 것이다.

숙면의 비밀

모든 사람들은 자신이 잠들었던 곳에서 깨어나기를 원한다. 성인이든 아이이든 예외가 없다. 사실 우리는 이 말을 어렵지 않게 이해할 수 있다. 이런 상상을 해 보자. 평소에는 노련하고 용감한 당신이 침대에서 잠이 들었는데 비행기 안에서 깨어나는 상상, 또는 운전석 옆 자리에서 잠이 들었는데 침대에서 눈을 뜨게 되는 상상 말이다. ─ 일어나 보니 병원에 누워 있다는 상상은 정말 끔찍하기 짝이 없다. ─ 당신이 기대하지도 않았고 상상조차 하지 않았던 상황이 벌어짐으로써 당신은 혼란에 빠지게 될 것이다. 악몽일까? 대체 무슨 일이 일어난 거지? 나는 어디에 있는 걸까?

푹 자기 위해 당신은 늘 베고 자는 자신의 베개를 필요로 한다. 침대 옆 책상에는 자명종을 두고, 블라인드도 당신이 늘 하던 대로 조정해 둔다. 당신도 알다시피, 이런 행동은 보호된다는 느낌이나 사람들 간의 신뢰와 사랑, 신체적 접촉과는 크게 상관이 없다. 이것은 오히려 객관적인 안전에 관련된 행동인 것이다. ─ 이렇게 말한다고 해서 내가 신체 접촉을 대수롭지 않게 생각하는 것은 아니다. 나야말로 자연 분만과 루밍 인(rooming-in, 신생아와 산모를 같은 방에 두는 것: 편집자 주), 아이를 안고 다니는 것에 적극 찬성하는 사람이다. 상대에 대한 반감을 극복하고 사랑을 느끼게 하기 위해서는 그 같은 요법들이 필요하다. ─ 살다 보면 사물로부터 안전하다는 느낌을 얻는 것이 더 중요한 때가 있다. 예를 들어 당신이 흔들리는 사다리 위에 있다고 가정해 보자. 이런 경우에는 당신을 안아 주거나 재미있는 얘기를 해 주는 애인보다 사다리 디딤판을 고정하는 것이 당신에게 더 중요할 것이다. 만일 당신이 이런 상황에 처해 있는데, 애인이 안아 주겠다고 하거나 재미있는 얘기를 해 주겠다고 제안한다면, 당신은 신경이 곤두서게 되고 심지어 더욱 불안해질 것이다. 이렇듯 욕구에도 순위가 있는

데, 동물의 경우에 이러한 예를 흔히 볼 수 있다. 동물은 보금자리를 마련하고 짝을 찾기 전에, 먼저 안전한 자기 구역을 확보한다. 동물은 그 장소가 안전한지 먼저 확인한 뒤에 구역의 경계에 자신의 분비물로 표시를 해 둔다. 이렇게 해야 냄새로 자신의 구역을 식별할 수 있고, 다른 동물의 침입도 막을 수 있다. 동물들에게 있어서 몸을 숨기는 것은 먹이를 확보하는 것보다 더 중요한 문제이다. 먹이에 달려들던 굶주린 고양이도 개가 짖으면 그 자리에서 금방 도망을 친다. 이렇듯 동물들에게는 맛있는 것을 배불리 먹는 것보다 자신을 숨기는 것이 더 중요하다. 숨을 수 있는 장소는 기능하면 항상 동일한 곳이어야 하고, 이미 입증된 안전 조건들이 확보된 곳이어야 한다. 즉, 이 공간은 알맞은 크기의 입구가 있고, 적당히 어둡고, 또한 뒤가 막혀 있는 곳이어야 한다. 이처럼 안전을 원하는 욕구는 태어날 때부터 가지고 있는 본성이다. 이를 바탕으로 해서 보호의 느낌이나 사랑과 같은 좀 더 고차원적인 가치들이 생겨날 수 있다.

사람이 잠을 자기 위해서는 안전한 자신의 침대가 필요하다. 또한 마음이 편하고 걱정이 없어야 한다. 기본적으로 잠에서 깨어난 뒤에 모든 것이 예전과 다르지 않으리라는 점을 믿을 수 있어야 한다.

아이 역시 정해진 시간, 정해진 장소에서 잠을 자게 될 때, 그리고 이른 아침이면 미소를 띤 엄마가 침대 곁에 다가와 벌써 깨어나 있는 자신을 보며 기뻐한다는 것을 예견할 수 있을 때 가장 멋진 휴식을 취할 수 있다.

이것은 너무 현실과 동떨어진 이야기일까? 절대 그렇지 않다. 원래 과거의 부모들은 아이의 잠에 관해서 크게 문제 삼지 않았었다. 물론 이 이야기는 건강한 아이들의 경우에 해당되는 것이다. 만일 아이가 아파서 열이 나고 신음을 한다면, 부모에게 있어서 밤은 낮과 다르지 않을 것이기 때문이다.

제3세계 민족들에 관한 사진을 한번 보라! 나는 '제3'이라는 말을 사용할 때마다 어쩐지 머뭇거리게 된다. 우리는 원시 민족처럼 살고 있는 이들을 본래 제1세계 민족이라고 불러야 하는 것인지도 모른다. 사실 아주 오래 전부터 사람들은 이들과 같은 방식으로 생활해 왔다. 인류가 얼마나 오랜 기간 동안 이렇게 살았는지에 관해서는 학자들조차 정확하게 대답하지 못한다. 최근의 고고학적인 연구에 따르면 대략 250만 년 전부터, 즉 지구라는 행성에 사람이 살기 시작하면서부터라고 한다. 인류는 가능한 한 오래도록 살아남기 위해 자연 환경에 무조건적으로 적응해야만 했다. 왜냐 하면 자연은 스스로의 법칙에 따르기 때문이다. 회전하는 지구가 태양으로부터 얼마나 떨어져 있는가에 따라 여름과 겨울이 생겨난다. 또한 지구가 축을 기준으로 어떻게 도는가에 따라 어두운 밤과 환한 낮이 생긴다. 기후와 식량을 포함하는 자연의 리듬은 사람에게 적응하지 않는다. 반대로 사람이 자연에 적응하며 살아간다. 사람들은 추위와 더위를 피하기 위해 얼음으로 지은 이글루나 그늘을 만들어 주는 천막을 마련해야만 한다. 어두워지면 휴식을 취하거나 잠을 자는 것 외에 다른 일을 할 수 없었다. 오늘날에도 가난한 나라에 살고 있는 사람들은 어두워지면 보통 잠을 잔다. 초와 전등은 너무 비싸서 특별한 경우가 아니면 좀처럼 사용하지 않기 때문이다. 동이 트면 이들은 자리에서 일어난다. 그래서 수탉이 울면 자고 암탉이 울면 깬다는 속담도 있다. 암탉과 수탉이 사람들의 일상 리듬을 결정하는 데 주요한 몫을 한 것은 의심할 바 없는 사실이지만, 가축들의 리듬 역시 천체의 움직임에 의해 결정된다. 이렇듯 자연 조건은 삶의 방식을 결정짓는다. 그 외에는 달리 방법이 없다. 다른 선택의 여지가 없기 때문에 모두들 그것에 적응하며 살아가는 것이다. 그래서 사람도 자연과 조화를 이루게 된다. 전통이라는 것도 그때그때의 자연 조건에 따르는 삶의 방식에 의해 형성된다.

특히 안전과 보호를 원하는 욕구는 그 같은 전통에 깊이 뿌리를 두고 있음을 알 수 있다. 아이를 키울 때도 자연스럽게 그러한 기본적인 욕구를 고려해야 한다. 아이에게는 세 가지 요소가 보장되어야 하는데, 안전한 느낌을 주는 엄마와의 연대감, 안전한 장소에서의 따뜻한 포대기, 계속 감지할 수 있는 규칙적 리듬이 바로 그것이다. 이처럼 안전과 보호를 구성하고 있는 세 가지 중요한 요소들은 각각 독립적으로 작용하는 것이 아니라, 서로 밀접하게 연결되어 전체로서 효과를 일으키는 것이다.

포대기

카메룬에 사는 어느 엄마와 아이의 사진을 한번 살펴보자. 아이 엄마들은 현실적인 상황 때문에 하루 종일 아이들을 매달고 있어야 한다. 다른 식으로는 데리고 다닐 방도가 없기 때문이다. 아이들은 엄마의 배뿐 아니라 모든 부분에, 심지어는 머리에까지 천으로 묶여 있다. 다른 나라의 관광객이 이 광경을 본다면 매우 이상하게 생각할 수도 있을 것이다. 날씨도 덥고 태양도 작열하는데 왜 저렇게 포대기로 꽁꽁 싸서 데리고 다닐까? 하지만 아프리카의 엄마들은 그렇게 생각하지 않는다. 이들은 왜 아이들에게 스스로 움직일 자유를 주지 않는지, 그러한 행동의 부자유가 옳은 것인지 아닌지에 대해 의문조차 품지 않는다. 이들은 다만 아이와 떨어져 있지 않기 위해 포대기로 묶어서 데리고 다닐 뿐이다. 엄마는 아이를 돌보아야 할 뿐 아니라 그 외의 다른 일도 해야 한다. 그녀는 자신이 짊어지고 있는 이 보금자리에서 아이가 무슨 일을 하든 내버려 두지만, 아이는 항상 어른들이 지켜볼 수 있는 위치에 있게 된다. 엄마가 걷거나 일하는 동안 아이는 자기가 원하는 대로 잘 수 있다. 하지만 엄마는 아이가 울더라도 그 즉시 젖을 줄 수는 없다. 아이를 데리고 다니는 방식을 보면 재빨리 아이에게 젖을 물릴 수 없는 상황이라는 것을 알 수 있을 것이다. 배가 고파도 금방 젖을 먹을 수는 없지만, 아이는 흔들거리는 리듬을 느끼면서 훨씬

안정을 얻는다. 이미 엄마의 몸속에서 그 같은 리듬에 익숙해졌기 때문이다.

아직도 원시적으로 살고 있는 민족의 아이들은 문명이 발달한 세계에 사는 아이들에 비해서 우는 경우가 드물다. 또한 이 아이들에게는 고무 젖꼭지나 그 밖의 우는 아이를 달래는 수단들이 사용되는 경우도 거의 없다. 나는 여러 명의 부모들, 전문가들과 함께 아이들이 불안해하는 이유, 그리고 아이를 잘 돌보는 방법과 그렇지 않은 방법에 관해 원시 민족의 경우와 비교하면서 많은 얘기를 나누었다. 이를 통해 내가 가장 먼저 알게 된 사실은, 아이가 편안함을 느끼게 하려면 반복적인 리듬으로 흔들어 주는 방법이 좋다는 것이었다. 하지만 원시 민족들이 포대기로 아이를 지나치게 단단히 감아서 잘 움직이지도 못하게 한다는 점은 좀처럼 이해하기 어려웠다. 왜 아이는 자유롭게 움직이지 말아야 할까? 왜 그들은 아이가 움직이고자 하는 욕구를 방해하는 것일까? 나는 상당히 많은 시간이 지난 뒤에 그 원인을 알게 되었다. 휴식이 필요할 때, 아이는 무엇보다도 오랫동안 진정되어 있기를 원하는 것이다.

그런데 대부분의 아이들은 독자적인 힘을 행사할 수 없기 때문에 외부로부터의 도움이 필요하다. 원시 민족들은 이런 문제에 대한 이론적 근거를 배운 적이 없지만, 자연스럽게 아이들에게 그러한 도움을 주고 있다. 또한 이들은 자신들이 무슨 일을 하는지조차 모르는 때가 많다. 그래서 나는 이들이 본능적으로 그런 행동을 하게 되는 것이라고 생각하게 되었다. 나는 한 강연에서 이러한 내용에 대해 말한 적이 있었는데, 이것을 계기로 좀 더 정확한 정보를 얻을 수 있었다. 토론 시간 중에 실업 학교 교사라는 한 참석자가 다음과 같이 말했다. "저는 선생님의 강연에 두 번째로 참석합니다. 제가 처음 선생님으로부터 원시 민족들의 무의식적인 행동에 대한 이야기를 들었을 때 궁금한 점이 많아 좀 더 자세히 알고 싶었습니다. 그래서 혼자 이 문제를 파고들었습니다. 제 아내는 알제리 출신이죠. 아내의 부모님은 도시에 사시는데 두 분 모두 대학을 졸업하셨습니다. 조부모님은 유목민이었고, 몇 년 전까지만 해도 사막을 돌아다니셨답니다. 한번은 휴가 때 장인 집에 머문 적이 있었습니다. 그때 많은 친척들이 방문을 했는데, 저는 그때 사람들이 세 살 정도까지의 아이들을 여섯 시간 내지 여덥 시간 동안 포대기로 꽁꽁 묶어서 꼿꼿하게 세워 두는 것을 봤습니다. 유럽의 심리학자라면 이것이 의식적인 행동이 아니라 본능적인 것이라고 하겠지요. 그래서 저는 그들에게 그 행동의 의미를 알고 있느냐고 물어보았습니다. 저는 장인 어른으로부터 곧 대답을 들을 수 있었어요. '물론 우리는 스스로 무슨 일을 하는지 잘 알고 있네. 아이들에게 사막의 법칙에 적응하도록 가르치는 걸세. 아이들은 저런 방식으로 힘든 일을 극복하는 방법을 배우게 되지.'"

그의 말이 끝나자마자 강연에 참석한 한 여자가 흥분된 어조로 이렇게 말했다. "하지만 그 아이들은 자유가 무엇인지에 관해 배우지는 않잖아요! 그들은 아이들의 의지를 꺾어 버린 거라구요!" 그러자 실업 학교의 교사는 이렇게 대답했다. "그러면 유목민들은 의지가 약하다는 말씀인가요? 유목민들은 자유가 무엇인지 모른다는 말입니까?"

어떻게 설명하든, 인류는 유구한 역사를 통해 아이를 그렇게 키워 왔다. 그것이 우리가 하는 논의의 근거가 될 수 있을 것이다. 만일 그러한 양육 방식이 아이들에게 해가 되었다면 전 인류가 해를 입은 셈이며, 인류는 수백만 년 동안 퇴보하였을 것이다. 하지만 그렇지 않다. 퇴화 현상은 자연에 적응하면서 사는 민족들에게서가 아니라 지극히 문명화된 민족들에게서 나타난다. 즉, 옛날부터 아이를 키워 왔던 그 방식을 까마득하게 잊어버린 민족들에게서 말이다. 만일 이 지구라는 행성에서 우리의 생명이 위태로운 지경에 처하게 된다면, 인디언들이나 필리핀 사람들, 에스키모인들에게는 아마도 그 책임을 물을 수 없을 것이다. 다시 말해, 우리는 가난하게 사는 민족들로부터 항상 뭔가를 배워야 한다. 그들은 물질적으로는 우리보다 가난하지만, 일찍이 인류가 자손을 퍼뜨렸던 창조의 질서를 여전히 따르고 있는 사람들이기 때문이다. 그들 역시 몇 가지 실수를 저질렀고—어떤 부족들은 불안한 아이들에게 마약을 주기도 한다.—그들의 삶의 방식에 개인의 발전을 허용하지 않는 면이 있기는 하다. 물론 우리는 그런 결점들을 이어받아서는 안 된다. 발전이란 앞으로 나아가는 것이지 결코 뒤로 가는 것을 뜻하지는 않는다. 그러므로 내가 여기서 원시 민족에 관한 이야기를 하는 목적은 우리 모두가 다시 원시림으로 돌아가야 한다고 주장하려는 것이 아니라, 원시 생활을 할 때부터 일반적으로 통용되었던 경험들을 지켜 나가야 한다는 것을 말하기 위함이다. 즉, 보호, 사랑과 의지를 원하는 기본적인 욕구와 관련된 경험들 말이다. 만일 우리가 이렇게 하지 않으면 더 폭넓은 경험을 축적할 수 없을지도 모른다.

여전히 관심의 대상이 되고 있는 수백 년 전의 그림들에서 우리는 때로 둘둘 감겨져 있는 어린아이를 발견하게 된다. 가령 성(聖) 프란치스코 교회에 있는 〈이집트로의 도주〉라는 그림은 조토(Giotto, 1267~1337)가 그린 것인데, 이 그림을 잘 살펴보면 아기 예수의 몸이 천으로 둘둘 감겨져 있음을 알 수 있다. 어머니를 바라보고 있는 얼굴만 제외하고는 온 몸에 천을 감고 있는 것이다. 아기 예수는 천에 싸인 채 어머니의 팔에 안겨 있다. 알제리 유목민의 아이들처럼 말이다. 예수 역시 사막의 법칙에 적응하는 법을 배워야 했던 것이다. 그는 인간이라는 존재가 처할 수 있는 최악의 상태와 최고의 상태를 모두 감수

할 수 있어야만 했기 때문이다. 그리하여 예수는 사막에서 시험에 들 었지만 용감하게 이를 이겨 냈다.

　용감하고 타의 본보기가 될 정도로 책임감이 강했던 사람들로 우리 는 아파치인들을 꼽을 수 있을 것이다. 과연 이 인디언 종족들의 강한 의지와 세련된 사회 의식을 의심할 사람이 있을까? 이들은 대지뿐 아 니라 아이들까지 경배의 대상으로 삼았다. 이들은 자신들의 영혼이 땅에서 나왔다고 믿고 있었고 아이를 때리는 것을 금지했다. 인디언 들은 농지나 거주지를 계획하는 데 있어서 대를 이을 후세들의 복지 를 고려하여 다섯 세대까지 염두에 둔다고 한다.—기껏 몇 년 또는 며칠만을 내다보고 계획을 수립하는 우리 사회는 얼마나 책임감이 없 는가!—아파치인들도 아이들을 머리끝에서 발끝까지 천으로 둘둘 감 아 둔다. 이런 식으로 온 몸을 감싸 둔 상태로 혼자 내버려 둘 수는 없 기 때문에 엄마, 누나 또는 고모나 이모들이 아이를 어디든 데리고 다 닌다. 아이는 아주 서서히 자유를 얻게 된다. 어린 아파치 소년은 네 살이 되면 아빠나 형, 삼촌에게로 간다.—이 문장을 쓰면서 나는 현 재형을 사용해도 될지 생각해 보았다. 인디언들의 삶은 그들의 도덕 과 함께 백인 정복자들에 의해 잔인한 방법으로 거의 파괴되었기 때 문이다.—히말라야 산맥에 살고 있는 셰르파족은 아이들을 하루 종 일 모피로 감아 둔다. 바깥에는 살인적인 추위가 기승을 부리는 까닭 이다. 꼭 바깥에서 해야 할 일이 있는 사람을 제외하고는 대부분의 사 람들이 집안에 머무른다. 그래서 엄마들은 대개 아이들과 함께 있게 된다. 사실 아이를 업거나 안고 다니기에는 공간이 너무 좁을 뿐 아니라, 따뜻한 곳은 불을 피워 둔 난로 앞뿐이다. 또한 대부분의 가사 일이 집 안에서 이루어지기 때문에 남는 공간이 거의 없다. 그래서 엄마들은 아이를 모피로 둘둘 말아 따뜻한 난로에서 약간 떨어진 곳에 눕혀 둔다. 그리고 하루에 두 번 정도는 난로에 바짝 붙어 앉아서 아이를 무릎 위에 올려놓고 오랫동안 마사지를 해 준다. 이때 아이의 옷을 모두 벗긴다. 과연 누가 셰르파족이 생활력 없는 사람들이라고 주장할 수 있겠는가?

아이를 감싸 두는 방법은 자연 조건나 삶의 방식에 따라 매우 다양한데, 만일 그것에 관해 쓰기 시작한다면 이 책 전체를 할애해야 할지도 모른다. 따라서 과거부터 현재까지를 한눈에 살펴볼 수 있도록, 유명한 소아과 의사인 코제노프(Kosenow) 교수의 논문을 인용하겠다. 이 논문은 1983년에 간행된 《소아과 간호원》(*Kinderkranken-schwester*)이라는 잡지에 실렸던 것인데, 옛날 그림들을 자료로 하여 아이들의 몸을 감싸 두는 '비인간적인' 방법에 대해 연구한 내용이다. "회화는 물론, 나무에 그려진 그림, 동판화, 화폐의 그림, 부조나 조각상들은 그와 같은 사실을 분명하게 보여 준다. 여기서는 원시 예술, 즉 봉납화(捧納畵)를 예로 들어보겠다."라고 말하며 코제노프 교수는 쌍둥이 아이의 그림을 소개했다. 이 봉납화는 인스부르크의 티롤 민속박물관에 전시되어 있는 것이다. "이 그림에서처럼, 아이를 둘둘 말아 놓은 방식은 결코 극단적인 것이 아니라 일반적인 경우이다. 팔은 물론이고 다리까지도 묶여 있다. 매정하다고 여겨질 정도로 이 그림은 너무나 정확하게 묘사하고 있다. 즉, 수천 년 동안 사람들이 해 왔던

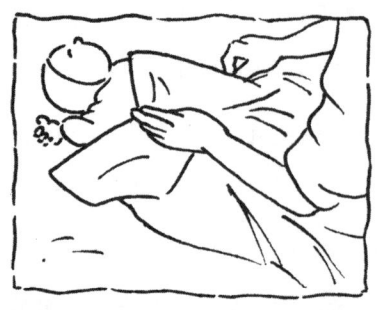 

〈그림 1〉 포대기의 왼쪽 모서리는 아이의 어깨를 거쳐 오른쪽 겨드랑이 밑에 집어 넣는다.

〈그림 2〉 오른편의 포대기 역시 그림 1에 서처럼 한다.

방식을 있는 그대로 그려 놓고 있다. … 어쨌거나 의사들이 아이를 천으로 감싸는 관습을 바꾸려고 노력했음에도 불구하고 이것은 근대에 이르기까지 계속 이어졌다. … 추측컨대, 그러한 '불편하기 짝이 없는 포대기'는 아이를 진정시키는 효과가 있었던 것 같다. … 영아의 뢴트겐선 검사를 위해 처음으로 '바빅스(Babix)' 플라스틱 통을 사용했을 때, 내가 얼마나 놀랐었는지를 잘 기억하고 있다. 우리는 아이들의 팔과 다리를 묶어서 좁은 통 속에 선 채로 두었지만, 이들은 놀랍게도 이곳에서 금방 잠이 들더니 진찰하는 내내 깨지도 않았다." 내가 이 책을 쓰고 있는 동안 코제노프 교수는 친절하게도 1992년 《소아과 간호원》에 발표된 다른 내용도 보내 주었다. 그것은 1988년부터 독일 오스나브뤼크의 소아과 병동 과장을 맡고 있는 크리스티나 클라우징(Christina Klausing) 박사의 논문으로, 과거 러시아 여자들이 어떻게 아이를 감싸 두었는지를 관찰한 내용이었다.

클라우징 박사는 이 광경을 보고 우선은 놀라움을 금치 못했다고 한

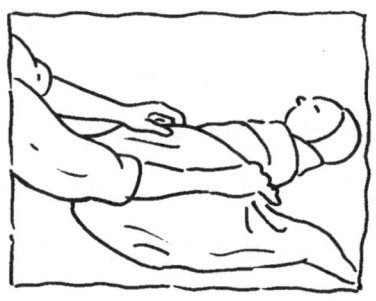 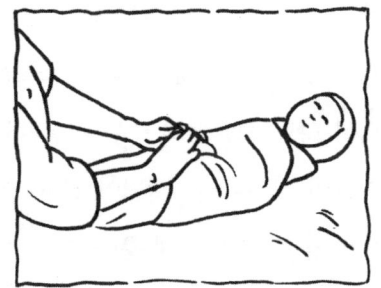

〈그림 3〉 발 쪽에 있는 포대기는 위쪽으로 접어서 배까지 덮는다.

〈그림 4〉 배까지 덮은 자락의 왼쪽과 오른쪽 모서리는 등 뒤로 한 바퀴 돌려 앞부분에서 묶는다.

다. 아이에게 해로울지 모른다는 생각에서 말이나. 하지만 그녀가 조사해 본 결과 그렇게 몸을 죄어서 감싸는 방법이 아이에게 아무런 해가 없음을 확인하게 되었다고 한다. "나는 6개월 된 영아, 8개월 된 영아 그리고 두 살배기 아이를 목욕시키는 것을 볼 수 있었다. 또한 놀이방에서 신나게 노는 세 살 된 아이들도 관찰할 수 있었는데, 이 아이들은 모두 안전하게 움직이고 있었다. 이렇게 튼튼한 아이들을 보면서 나는 그냥 지나칠 수 없었다. 이 아이들도 젖먹이 때부터 몸을 천으로 꽁꽁 감싼 채 지냈을까? 아이들이 이렇게 건강하다면 포대기로 단단하게 감싸서 키우는 방법에 아무런 문제가 없는 것이 아닐까? 무엇보다도 우리 병원에 있는 아이들 가운데 일찍부터 신경이 예민한 아이들과 비교해 보면서, 나는 이것이 아이를 감싸 두는 방법과 어떤 연관성이 있는 것이 아닌지 의문을 갖게 되었다." 그리하여 클라우징 박사는 아이를 천으로 둘둘 말아 두는 의미와 목적을 추적해 나갔다. 그러는 도중에 엄마들로부터 다음과 같은 이야기를 듣게 되었다. 그렇게 해 두면 젖먹이는 손톱으로 얼굴을 할퀴지 않을 뿐 아니라, 주변을 둘러보면서 안정감을 느끼고 잠도 잘 잔다는 것이었다. 또한 아이를 데리고 다니기도 쉽고 추위에 노출될 일도 없다고 하였다. 엄마들은 아이들이 태어나서 3개월이 될 때까지 천으로 말아 주고, 3개월이 지나면 이불로 그렇게 해 준다. 이 사실로부터 클라우징 박사는 당연한 의문점을 갖게 되었다. 소위 부유한 사회에서 젖먹이에게 부여하는 기회, 즉 자유롭게 움직일 수 있는 기회라는 것은 결국 불안감을 가중시키는, 젖먹이에 대한 과도한 요구가 아닐까 하는 의문이었다.

어쩌면 다른 시대나 다른 국가의 경우를 더 예로 들 필요가 없을지도 모르겠다. 나의 언니(1926년생)와 나(1929년생)도 그렇게 천으로 둘둘 말려서 자랐으니까 말이다. 북모라비아 지방(구 체코슬로바키아의 중부에 있었던 지방: 역자 주)의 농가에서 자랐던 우리 어머니는 당신이 보고 배웠던 그대로 우리를 키웠다. 그런데 당시 그곳에 변화가 일어났다. 이들보다 더 잘 살았던 서유럽 국가들과 미국에서는 이미 몇 년 전에 그런 변화를 겪었지만 말이다.

현대적인 소아과 의사들은 기술적 시대 정신에 따라 이제 더 이상 촘촘히 짠 천으로 아이를 감싸지 말라고 충고하였다. 아이들이 마음대로 움직일 수 있도록 해 주자는 의견이 당시에 유행했던 것이다. 더불어 청결함도 강조되었다. 엄마들에게는 복잡하게 천으로 감겨 있는 아이의 기저귀를 갈아 주는 일이 그리 쉽지 않았기 때문에 이러한 의견은 환영받게 되었다. —그러나 원시적인 방법으로 아이를 천으로 감아 두었던 때보다 위생적으로 훨씬 청결한 요즘 신경성 피부염이 더 많이 일어나는 것을 보면 정말 신기하지 않은가!—우리 어머니는 결혼을 해서 도시로 이사하는 바람에 당시 유행하던 충고를 따르게 되었다. 나의 언니는 한 살 때 목까지 들어가는 포대기를 사용하였지만, 3년 후 내가 태어났을 때 엄마는 내 손이 자유롭게 움직이도록 내버려 두었다. 이런 방식이 나에게 좋았었는지는 지금도 분명하게 말할 수 없다. 어쨌거나 지금 언니는 나보다 운동도 더 잘하고, 손으로 하는 일이라면 대부분 나보다 솜씨가 좋다. 오래 전부터 개업의로 일하고 있는 언니는 환자들에게 재능 있는 의사로 평판이 나 있다. 그리고 아이들을 위해 손수 옷을 꿰매는 것도 좋아한다. 그러니 내가 언니보다 일찍 팔과 손을 자유롭게 움직였다는 것이 나에게 장점으로 작용한 것 같지는 않다.

우리의 선조나 지금도 원시적으로 살아가는 민족들과 비교해 보면 이것은 더욱 분명해진다. 켈트족, 게르만족, 그리스인, 아즈텍족들이 솜씨 있고 생활력이 뛰어났었다는 점을 의심할 사람은 많지 않을 것이다.

그렇다면 언뜻 답답하게 보이는 포대기에는 어떤 비밀스러운 효과가 있는 것일까? 안전이라는 개념으로 설명하면 분명해질 것이다. 피부를 감싸는 포대기는 아이에게 자궁벽에서 경험했던 신뢰감을 준다. 즉, 포대기는 변하지 않던 예전의 보금자리와 같은 역할을 하며, 보금자리에서 느꼈던 온기도 전해 주는 것이다.

이제 당신은, 부모가 무조건적으로 애정을 쏟는 방식의 보호가 아이에게 이롭지 않다는 점을 확실히 알았을 것이다. 하지만 모피 속 또는 뢴트겐선 검사시에 들어가야 하는 플라스틱 통 속의 은신처는 아이에게 안전의 느낌을 제공하고 긴장을 이완시켜 준다. 갓난아이는 자신이 무엇인가에 의해 확실히 지지되고 있다고 느낄 때에야 비로소 마음을 놓기 때문이다.

비밀은 포대기에 있다고 할 수 있다. 그런데 이러한 포대기의 기원은 좀 더 고차원적인 데서 비롯된 것이다. 내부 공간에서 작용하는 천체의 모든 에너지는 외부에 의해 완전히 둘러싸일 때에만 작용하는데, 예를 들어 지구는 오존층을 포함한 대기에 의해 보호될 때에만 제대로 기능하게 되는 것이다. 우리는 이미 오존층의 파괴로 인해 어떤 일이 벌어지고 있는지 잘 알고 있다. 원자의 구조를 다룰 때 반드시 전자층에 관해서 언급하는 것처럼, 알에도 껍질이 없다면 죽은 것이나 다름없다. 창조의 비밀이란 내적인 힘과 외적인 힘이 만나는 지점에서 찾을 수 있다. 그렇듯 영혼의 힘은 안전한 지상의 외피와 화합할 필요가 있는 것이다.

포대기에 관해서는 이 정도로 마치고, 안전과 보호를 구성하는 두 번째 요소로 넘어가자.

리듬

자연과 함께 살아가는 민족들이라 해도 아이를 데리고 다닐 때 언제나 무조건적으로 리듬을 직접 제공할 수 있는 것은 아니다. 이들 역시 아이에게 모체의 리듬을 대신해 줄 수 있는 몇 가지 물건들을 준다.

　이 책을 계속 읽기 전에 우선 여러분들은 다음의 사실을 알아야 한다. 부모가 아이에게 동일한 물건을 반복해서 주면, 아이가 그것을 통해 안전하다는 느낌을 갖게 된다는 것이다. 물론 이때도, 엄마가 사랑하는 마음으로 아이가 예견할 수 있는 안전한 물건을 사용한다면 보호된 느낌도 전달해 줄 수 있다.

　흔들어 주는 엄마의 팔에 안겨 있을 때 느낄 수 있는 따스함을 대신해서 다른 모조품을 사용하는 것에는 여러 가지 이유가 있다. 엄마들은 일하기 위해 팔을 움직여야 하는 때가 많다. 물론 어떤 경우에는 아이를 먼저 돌봐야 하지만 말이다. 네덜란드의 화가 루카스 반 라이덴(Lucas van Leyden, 1494~1533)이 그린 그림을 보면, 우리는 한 어린아이가 어머니의 어깨 위에 있는 것을 볼 수 있다. 아빠는 두 아이가

든 바구니를 어깨에 메고 있고, 다른 아이들은 당나귀에 달아 놓은 바구니에 들어 있다. 가족이 집 밖에 있지 않을 경우, 아이들은 흔들 침대나 해먹(hammock, 매다는 그물 침대: 편집자 주)에 있게 된다.

프리드리히 폰 치글리니키(Friedrich von Zglinicki)는 그의 방대한 저서 『요람』(*Die Wiege*)에서 이렇게 서술하고 있다. "농부들은 종종 '나는 그가 나무에 매달려 있을 때부터 알지.' 라는 말을 한다. 이는 시골의 아낙네들이 농사일을 할 때 해먹에 아이를 두는 습관이 있었다는 것을 말해 준다. 특정 시대 또는 특정 지역의 사람들만이 해먹을 선호했던 것은 아니다. 일반적으로 사람들이 이러한 요람을 선호했던 까닭은, 만드는 비용도 싸고 자리도 많이 차지하지 않기 때문이었다. … 게다가 사람들은 해먹이 훨씬 안전하다고 보았다. 땅의 온갖 곤충

이나 동물들이 요람에까지 올라갈 수 없기 때문이었다." 이 책에는 1904년 카펠라(C. Capeller)가 한 농가에 관해 서술했던 내용도 나온다. "침대 곁에는 요람이 있는데, 잡초를 엮어서 만든 이 요람은 천장에 달려 있다. 여기에 아이가 누워 있다. 누구라도 이 곳을 지나치다가 요람이 멈춰 서 있는 것을 보면 다시 흔들어 준다."

나 역시 할아버지 댁의 정원에 매달려 있었던 요람을 기억한다. 엄마는 두 그루의 사과나무에 요람을 매달아서 거기에 우리를 눕혀 두곤 했다. 그런 다음 엄마는 우리를 걱정하지 않고, 화단을 일구거나 딸기를 따기도 했다. 나는 지금도 요람에서의 그 느낌을 잊을 수가 없다. 공기 같은 가벼움, 부드럽게 흔들릴 때의 평화스러운 기분, 지저귀는 새소리와 바람에 춤추는 나뭇잎들.

대부분의 민족들은 아이가 자야 할 시간에 그처럼 흔들거리는 물건을 사용한다. 에스키모인 엄마들은, 아이를 안고 얼음집 이글루 안에서 왔다 갔다 하거나 먼 거리를 걷는다거나 하는 등의 방법으로 아이를 재우지 않는다. 이들의 환경에서는 그러한 행동이 오히려 불합리하다. 이글루는 온통 얼음으로 이루어져 있을 뿐 아니라 아주 좁은 공간이기 때문에 다른 식구들의 수면을 위해서라도 그런 일은 엄두를 낼 수 없다. 따라서 아이를 팔에 안고 흔들어 주는 것이 아니라 아이가 살짝 잠이 들었을 때 눈치 채지 않게 살짝 요람에 눕힌다. 엄마가 이때 요란스럽게 행동하지만 않는다면, 많은 유럽의 아이들이 그렇듯이 이글루의 아이들도 속임수에 넘어갈 것이다. 사실 유럽의 엄마들은 노골적인 태도로 아이를 요람에 눕히고 잠이 들 때까지 흔들어 주는 편

이다.

요람과 해먹은 아이들이 깨더라도 잘 때와 똑같은 환경을 제공한다는 장점이 있다. 엄마가 반드시 일어나야 할 필요가 없다는 얘기다. 아이가 움직이면 해먹 역시 움직인다. 요람이 흔들거리면 아이가 잠들 때 들었던 소리와 비슷한 소리가 나게 된다. 많은 민족들의 경우, 가령 북아메리카의 인디언들은 요람에 누워 있는 아이의 머리 위쪽에 소리가 나는 조그마한 물건을 달아 둔다. 그러면 아이가 한밤중에 깨어나더라도 모든 것이 그대로라는 것을 알게 된다. 종소리는 잘 때와 마찬가지로 부드럽게 울리고, 요람은 바다에 떠 있는 보트처럼 이리저리 흔들거리고 있기 때문이다. 그러니 아이는 다시 꿈속에 빠져들 수 있다.

요람이나 그와 비슷한 침대에서 자는 아이들에게 젖을 주지 않아도 된다는 사실은 이미 잘 알려져 있다. 아이가 젖을 먹는 것에는 배고픔을 해소한다는 의미도 있지만, 단조로운 리듬에 대한 욕구를 만족시킨다는 의미도 있다. 흔들리는 요람을 통해서 이 욕구가 만족되면, 젖을 먹을 때 생기는 리듬을 별도로 제공할 필요가 없다.

열대 지방이나 아주 더운 지역을 비롯한 여러 나라에서는 아이들이 가족들과 함께 커다란 해먹에서 자기도 한다. 무더운 낮이 지나가고 밤이 찾아오면 바다로부터 시원한 미풍이 불어 와 천막은 사방으로 통풍이 잘 된다. 해먹에는 땅에서 벌레들이 기어오르지도 못할 뿐 아니라 모기장이 쳐 있기 때문에 위쪽 역시 안전하다. 그러나 아이가 잠을 못 이룰 때 이 커다란 해먹을 빨리 흔들기란 쉽지 않다. 그래서 엄마는 이 리듬을 대신할 만한 행동을 하게 되는데, 젖을 먹이면서 쓰다듬어 주거나 토닥토닥 두드리면서 이렇게 속삭여 주는 것이다. "하이 하이… 하이 하이… 하이 하이…." 엄마는 아이를 재우기 위해 천막 안을 이리저리 돌아다니거나 천막 주위를 돌지 않는다. 그녀는 가족이 공동으로 사용하는 해먹에 아이와 같이 누워서 잠들어 있는 다른 가족들이 방해받지 않도록 위와 같은 방법으로 아이를 재운다. 인디언들 중 많은 부족들이 가족과 함께 넓은 공동 침대를 사용하고 있다.

소아과 의사 지그룬 폰 로(Siegrun von Loh)는 뮌헨에 있는 아동 센터와 유사한 형태의 소아과 센터를 자바섬에 건립했다. 그녀는 수년간 이 센터를 운영하면서, 자바섬 아이들에게서는 불안 증세나 과다한 활기를 찾아보기 어렵다는 내용의 보고서를 여러 차례에 걸쳐 발표하기도 했다. 그리고 그곳에 수면 장애가 전혀 없다는 것을 나에게 말해 주었다. 아이들은 원하면 언제든지 포대기에 싸여 잠을 잘 수 있고, 밤에도 가족 침대에서 같이 잔다는 것이다.

극빈자들은 때로 피난민 수용소 같은 공간에서 침대 없이 짚단이나 이불 한 장으로 잠을 자게 되는데, 그러한 경우 가족들은 딱딱한 장소에서 서로 밀착한 상태로 누워야만 한다. 나는 그 같은 비상 숙소를 전쟁시에 혹은 여행을 할 때 본 적이 있었다. 대학에 다니던 시절 몇 명의 카메라 우먼과 함께 떠났던 여행 중에 방공호에서 잠을 잤던 적이 있었는데, 그때 하나의 간이 침대를 여섯 명이 함께 사용하기도 했다. 한 사람이 몸을 돌리면 다른 사람들도 돌려야 했다. 이렇게 하면서 우리는 같이 자는 사람들에게 각자 적응하는 훈련을 받은 셈이다. 우리는 다른 사람의 코 고는 소리나 몸에서 나는 냄새를 참아야만 했다. 혹시라도 어떤 사람이 그중 누군가와 저녁에 말다툼을 했다면, 이불의 가장자리에서 자게 해 주는 것을 감사할 정도로 그런 환경에 익숙해졌다. 비상 숙소는 너무나 추워서 체온으로 서로를 따뜻하게 할 수밖에 없었다.

이처럼 어린아이들은 엄마나 다른 가족의 몸에 닿아 있었으므로 불안을 떨쳐 버릴 수 있었다. 아이는 아빠가 규칙적으로 코 고는 소리를 듣거나 엄마가 반복해서 흥얼거리는 자장가를 들었다. 때로는 누나가 아이를 안고 쓰다듬어 주기도 했다. 어떤 경우에서든 아이는 동일한 리듬을 느낄 수 있었다. 조금 과장해서 말한다면, 이 같은 조건에서 지구가 창조되고 번영했다고도 볼 수 있다. 그러므로 이 인류가 리듬에 맞춰 아이와 흔들거리면서 시대를 관통했다고 말한다 해도 과히 틀리지는 않을 것이다.

안전한 장소

아이는 포대기에 싸여 있거나 바구니에 들어 있거나 가족의 등에 업혀 있기 때문에 자신이 있는 장소에 대해서 안심할 수 있다. 아이는 언제나 요람이나 가족 침대 혹은 해먹에서만 잠이 든다. 물론 아이가 해먹이나 공동 침대 중 원하는 것을 스스로 선택할 수는 없다. 고정된 생활 방식으로 인해 일정한 잠자리가 정해져 있기 때문이다. 그래서 아이는 선택의 어려움 없이 안전하게 있을 수 있다. 왜냐 하면 가족이 늘 곁에 있다는 기본적인 믿음이 있기 때문이다. 또한 아이는 자신이 잠든 곳에서 다시 깨어난다는 것도 알고 있다. 따라서 자신의 구역은 안전한 것이다.

자신감 있는 엄마

아이와 마찬가지로 엄마 역시, 위기에 처하지 않는 한—사실 위기에 처하면 삶의 양식도 바뀐다.—아이를 돌보는 데 있어서 기존의 방식을 의도적으로 바꾸지는 않는다. 말하자면 모든 사람들이 정해진 방법으로 아이를 키운다는 얘기다. 엄마뿐 아니라 아빠, 나이가 많은 형제들과 할머니, 할아버지의 경우도 마찬가지이다. 이들 가운데 그

어느 누구도 세대를 걸쳐 전해 내려오는 전통 외에 다른 것을 배운 사람은 없다. 전통에 대한 믿음은 흔들리지 않는다. 젊은 엄마는 자신이 키워졌던 방식, 즉 다른 모든 엄마들이 따르고 있는 그 방법을 사용한다. 이를 통해 젊은 엄마는 자신이 잘 하고 있다는 것을 확인하고, 자신이 나쁜 사람이 아니라는 믿음을 갖게 된다. 그러니까 자신이 아이를 돌보는 방법에 대해 전혀 의심하지 않는다는 것이다. 엄마들은 자신의 방식이 올바르다고 여기며, 다른 방법이 존재한다는 것을 가정하지 않는다. 이렇듯 다른 선택을 할 필요 없이 한 가지 방식을 고수하면, 아이는 상황을 미리 예견할 수 있기 때문에 안전감을 갖는다. 그리고 엄마가 아이와 함께 느끼고 항상 밀접한 관계를 유지하기 때문에, 아이는 보호되고 있다는 느낌을 받게 된다. 따라서 어떤 아이도 어떻게 해야 할지 몰라 쩔쩔매거나 여러 가지 방법 중에 무엇을 선택해야 할지를 골몰하는, 이른바 '확신 없는 엄마'를 두고 있지 않은 것이다.

아이를 업어야 할까, 배에 차고 다녀야 할까? 아이는 언제, 어떻게 해 주어야 잠을 가장 잘 잘까? 고도로 발달한 문명 사회에 사는 엄마들은 아이를 재울 장소뿐 아니라, 엄마의 역할에 대해서도 흔히 의문을 품는다. 하지만 자연과 밀접한 관계를 유지하고 있는 환경에서 생활하는 이들은 이러한 질문의 필요성조차 느끼지 않는다. 안전과 보호에 대한 욕구가 충분히 고려되고 있기 때문이다.

물질적인 풍요로 인해 많은 것들이 변했다. 기술적인 진보는 엄마들이 원시적인 방식에서 탈피하여 현대적이고, 좀 더 편안하며 위생적인 방법으로 아이를 돌볼 수 있도록 해 주었다.

19세기 후반에 이르러 유모차가 발명되자 아이를 데리고 다니는 일에 더 이상 어려움이 없는 것처럼 보였다. ―그러나 특이하게도 원시 민족들은 아이를 안거나 업고 다니는 것을 그리 힘들어하지 않는다. ―유모차를 발명한 사람들은 주로 남자 기술자들이었는데, 이들은 사실 아이를 돌보는 일과 전혀 상관이 없는 사람들이었다. 당시에는 남자가 아이를 돌보는 것이 체면을 손상시키는 일이라고 생각했기 때문에 그것은 순전히 여자들만의 역할이었던 것이다.

아무튼 복지 사회가 되면서부터 가족 구성원들은 각자의 침대나 개인의 방을 갖게 되었다. 당시 사람들은 눈처럼 하얗고 자그마한 침대에 누워 있는 갓난아이를 생각하면서 꿈에 부풀었다. 분홍색이나 담청색 침대가 막 나오기 시작할 무렵이었다. 고무 젖꼭지의 색깔도 침대와 같은 하얀색이었고—분홍색 또는 담청색—넓은 방을 아이 혼자서 사용하게 했다. 그리고 아이는 자기 전에 젖병에 들어 있는 우유를 충분히 먹었다. 당시 사람들은 엄마들에게 여러 가지 근거를 대면서 모유를 주지 말라고 권했다. 젖병은 관리하기도 쉽고, 우유의 위생 상태는 검사가 더 수월하다는 것이었다. 또한 모유의 양을 조절하는 것보다 우유의 양을 조절하는 것이 더 쉽다는 견해도 있었다. 더욱이 수유는 여자들의 가슴을 축 늘어지게 한다고 하면서 모유를 먹이는

엄마들을 강력하게 말렸던 것이다.

　교육 문제에 있어서도 그와 비슷한 방식으로 아이를 돌보도록 권유하는 충고들이 많았다. 하지만 여기서는 교육이라는 말보다 훈련이라는 말이 더 적합한 것 같다. 왜냐 하면 당시 최신 유행이었던 습득심리학은 갓난아이를 능력 있고 성공적인 성인으로 키우는 것이 가능하다고 주장했기 때문이다. 이에 따르면, 사람들은 아이를 낳자마자 혹독한 훈련을 시켜야 한다. 갓난아이를 마치 작은 성인처럼 다루어야 하는데, 이렇게 해야만 기다리는 것을 배울 수 있고 버릇이 나빠지지 않는다는 논리였다. 그래서 아이가 울더라도 무릎에 올려놓아서는 안 되었다. 그러한 논리를 주장한 대표적 인물은 미국의 심리학자인 왓슨(John B. Watson, 1878~1958)이었는데, 19세기 초반의 소위 진보적인 사고를 갖고 있는 부모들 대부분이 그의 충고에 따랐다. 그는 교만한 제안을 했던 것으로도 유명하다. 그는 자신에게 많은 아이들과 양육할 수 있는 장소만 제공해 준다면, 이 아이들을 사람들이 원하는 유형의 어떤 성인으로든 만들어 낼 수 있다고 장담했다. 의사, 변호사, 예술가, 기업가 또는 집사나 심지어 도둑까지도 가능하다는 것이었다. 그에 따르면, 모든 것은 특정 조건에서 배우게 되며 유전이라는 것도 아무 소용이 없다고 하였다. 또한 사랑과 보호를 받으려는 본능이나 욕구에 대해 얘기한다는 것 자체가 시간 낭비일 뿐이라고 비판했다. 고도의 기술 시대를 성공적으로 살아가는 시민을 만들려면 갓난아이 때부터 혹독한 훈련을 시켜야 한다는 것이다. 이로써 권위적인 물결이 넘치는 캄캄한 암흑의 시대가 도래했다.

그런 논리는 아이들이 초저녁에 부모로부터 애정의 표시도 받지 못한 채 잠자리에 들어야 한다는 것을 의미했다. 또한 마지막으로 젖병을 비우고 나면, 밤새도록 또는 늦은 아침까지 혼자서 자거나 계속 울어야 한다는 뜻이었다. 나이에 따라 차이가 날 수 있는 수면의 욕구와 혼자서 느끼게 될 외로움 따위는 전혀 고려되지 않았다. 그러니 아이들은 참을 수 없이 긴긴밤을 보내야 했다. 하지만 이 현대적 심리학자는 우는 아이를 살펴보는 것조차 금지하였고, 오히려 울음소리가 들리지 않도록 아이를 뒷방에 가둬 두라고 권유하였다.

왓슨과 동시대인이었던 마리아 몬테소리(Maria Montessori, 1870~1952)는 아이들을 돌보면서 새로운 사실을 발견하고 놀라움을 금치 못했다. 그녀는 자신의 저서인 『아이들은 다르다』(Kinder sind anders)에서 이렇게 서술하고 있다.

"몇 개월 된 갓난아이뿐 아니라 두 살, 세 살 또는 네 살 된 아이들, 혹은 이보다 더 성장한 아이들조차도 욕구를 채우지 못한 채 잠을 자야만 하는 불행을 겪어 왔다. … 상류층의 아이들보다 평범한 시민층의 아이들이 훨씬 덜 신경질적이라는 점은 잘 알려진 사실이다. 그럼에도 불구하고 아이들의 건강을 위해 지나치게 오랫동안 잠을 자게 해야 한다고 권유하고 있다. … 부모들 가운데 많은 사람들은, 자신의 아이들에게 저녁 일찍 잠자도록 하는 습관을 들여서 원하면 언제든지 외출할 수 있다고 자랑하는 실정이다. … 어린아이들이 자는 현대의 침대는 그야말로 훌륭한 발명이 아닐 수 없다! 모양도 훨씬 예쁜 이 침대는 요람과도 다르고, 몸을 쭉 뻗고 잘 수 있는 성인 침대와도 다르다. 그러나 아이 침대라고 부르는 이 물건은, 알고 보면 최초로 갇히게 되는 무시무시한 감옥과 다를 바 없다. 말하자면 가족의 합의에 의해 아이의 의식 속에 투쟁적 기질을 주입하는 감옥인 것이다. 이러한 아이들은 사실 포로라고 할 수 있으며, 그들이 처한 현실적 곤경은 하나의 상징이기도 하다. 즉, 아이들이란 어른들에 의해 만들어지고 어른들을 위해 개발된 문명이라는 것의 포로에 지나지 않음을 상징하는 것이다. 소위 이 문명은 아이들을 점점 더 속박하고 자유롭게 성장할 공간을 줄여 나갔다. 또한 아이 침대는 몸을 숙여 아이를 살펴보기에는 너무 높아서 마치 동물 우리와도 같은 느낌을 주었다. 이제 어른들은 그 안에서 일어나는 일을 전적으로 아이에게 맡길 수 있게 된 것이다. 울 테면 울라지! 운다고 해서 아픈 것은 아니니까!"

마리아 몬테소리는 또한 이 책에서 다음과 같은 충고를 던진다.

"전통적인 아이 침대는 없애 버려야 한다. 그 대신 아이가 잠자는 곳은 바닥에서 많이 떨어지지 않은 높이에 있어야 한다. … 우리가 아이들을 얼마나 엉터리로 돌보고 있는지, 그리고 아이들을 위한다고 하지만 실제 이들의 욕구와는 얼마나 반대로 키우고 있는지 생각해 보아야 한다!"

아이들의 욕구는 어른들이 생각하는 것과는 다르며, 아이의 욕구에 맞춰서 돌봐 주어야 한다는 그녀의 이론은 당시 많은 부모들과 전문가들로부터 냉대를 받았다. 대중은 이미 합리주의에 완전히 반해 있었던 것이다. 그들은 학문적으로 검증된 프로그램을 따르기만 하면 만사가 잘 되리라 믿었다. 그리하여 순전히 객관적 사고에만 근거했던 행동심리학자 왓슨의 주장은, 애정을 갖고 엄마의 감정으로 말했던 몬테소리의 충고보다 더 설득력을 얻게 되었다. 이러한 합리주의적인 시대 정신은 널리 퍼져 나갔고, 오늘날의 조부모 세대들도 그와 같이 행동했다. 심지어 오늘날까지 여전히 그런 주장을 펼치는 사람들도 있다. 우리는 증조할머니나 할머니 세대의 사람들 대부분이 이런 말을 하는 것을 흔히 들을 수 있다. "요즘 젊은 엄마들이란! 어디든 아이를 데리고 다니지를 않나, 남들이 보는 앞에서 젖을 주지를 않나, 도대체 밤에 아이를 어떻게 해야 하는지도 모른다니까! 우리 때에는 그렇지 않았지. 아이들도 버릇이 있었고 잘 때는 잤거든. 그러니 어른들도 쉴 수 있고 말이야. 그런데 요즘 세상은 거꾸로 돌아가고 있는 것 같아. 암, 미쳐 가고 있어!"

사실 당시의 아이들은 불만을 표시하지도 않았고, 닥치게 될 일에 대해 감지하지도 못했다. 적어도 밤에 엄격하게 다루어지고 있는 동안 만큼은 그런 점들을 느끼지 못했다. 그들은 당시 교육의 이름으로 자신들에게 가해졌던 고통스러운 매질을 나중에 성장했을 때에야 비로소 두려움과 놀라움으로 기억하게 될 뿐이다. 하지만 이들은 당시 부모들이 밤에 아이들에게 내렸던 조치만큼은 좋은 것이었다고 여긴다. 오늘날의 부모들은 분명 이 점에 대해 의문을 품을 것이다. 그러나 내가 지금까지 이 책을 쓰면서 강조했던 바를 잊지 않았다면 그 해답은 어렵지 않게 얻을 수 있다.

부모들은 아이가 정해진 시간에 정해진 장소에서 잠을 자고, 그곳에서 아침까지 자야 한다는 점에 대해서 확고한 생각을 갖고 있었다. 아이 역시 부모의 방침이나 자는 시간, 장소가 변함없이 일정하다는 것을 알 수 있었다. 아이는 어떤 이유에서든 잠을 잘 수 없을 때는 목이 쉴 정도로 소리를 지르며 울기도 했지만, 어두움에 대한 자신의 공포를 없애 주기 위해 또는 갈증을 달래 주기 위해 달려올 사람은 아무도 없다는 것을 알고 있었다. 그러니 아이는 혼자서 그 모든 것을 참아 내야만 했다. 울어 봐야 아무 소용이 없었던 것이다. 이 사실은 아이에게 확실하게 각인되었고, 이러한 환경에 익숙해지자 모든 아이들은 울음을 그치고 잠을 잤다. 아이는 어둡고 지루한 방 안에서 자는 것 외에 아무런 할 일이 없었다. 그러니, 날이 밝아 엄마의 얼굴이 침내에 나타나고 첫 우유병이 건네질 때면 이루 말할 수 없이 기뻤다.

아이는 밤이 되면 보호되고 있다는 느낌을 누릴 수 없었다. 엄마는 안아 주지도 않았고, 등을 토닥여 주지도 않았다. 다시 말해, 아이는 안전에 대한 욕구를 사람이 아닌 주어진 환경에 의해서만 충족시킬 수 있었다.

나는 1980년까지 마리아베르거 하임 진단치료센터의 심리학자로 일하면서 아이들에 대한 풍부한 경험을 얻게 되었다. 이곳에서는 장애가 있는 아이들을 두 달이나 세 달 정도 보살펴 주었는데, 이 아이들이 보이는 행동 장애는 너무 심각해서 가족은 물론 의사도 손을 못 쓸 정도였다. 지능에는 전혀 문제가 없었는데도, 아이들은 센터에서 제공하는 학습 프로그램에 좀처럼 적응하지 못했다. 무엇보다 수면 장애로 고생하는 아이들이 자주 눈에 띄었다. 이들의 수면 장애는 오늘날 보통의 아이들에게서 나타나는 증상과 특별히 다를 바 없었기 때문에 여기서 다시 자세하게 서술할 필요는 없을 것이다. 그러나 완전히 탈진하여 기진맥진해진 부모들이 절박한 상태에서 데리고 온 아이들은 때로 매우 심각한 증상을 보였다. 그러한 아이들의 부모는 몇 달 동안이나 잠을 제대로 자지 못했을 정도로 어려움을 겪었다. 가령 마르쿠스라는 아이는 엄마의 배 위에서만 잠을 자려고 했고, 클라우디아는 엄마의 머리카락을 손가락으로 돌돌 말아서 밤새도록 쥐고 있어야만 했다. 또한 한스 요하임은 거의 하루 종일 고함을 질러 대는 아이였다. 아빠가 안고 흔들어 주거나 데리고 자도 소용이 없었고, 엄마가 그렇게 해 주어도 마찬가지였다.

그러나 우리가 돌본 아이들은 대개 하루 정도 잠을 이루지 못하다가 그 다음 날부터 정상을 되찾았다. 아이들은 그렇게 고집을 부려 봐야 아무 소용이 없다는 것을 알고부터는 잠을 자게 되었다. 말하자면 우리는 왓슨이 제시한 방법을 사용했던 것이다. 잠들기 한 시간 전에 아이들의 긴장을 풀어 주기 위해 평화스러운 분위기를 조성하려고 노력했으며, 자장가 외의 다른 음악은 들려주지 않았다. 마지막으로 우유를 주고 포대기를 다시 덮어 주고 새 기저귀를 채워 주거나 대소변을 보게 한 다음, 아이가 아무리 떼를 쓰더라도 곧장 침대에 눕혔다. 어떤 아이들은 잠을 자지 않으려고 엉뚱한 짓을 하기도 했지만 우리는 속지 않았다. 몇몇 아이들은 어떻게 해서든 시간을 끌면서, 목이 마르다고 투정하거나 등을 쓰다듬어 달라고 떼를 쓰기도 했지만 우리는 그냥 무시했다. 누구도 침대에서 일어나서는 안 되었다. 희미한 전등이 켜져 있었고, 야간 담당자만이 아이를 살펴보기 위해 조용히 다닐 수 있었다. 하지만 이 담당자도 아이들의 반응에는 신경 쓰지 않았고, 다만 모든 아이들이 얌전하게 침대에 누워 있는지 확인할 뿐이었다. 아이들이 일어나 앉으려는 것도 허용하지 않았으며, 특히 몸을 심하게 뒤척이는 경향이 있는 불안한 아이들은 침낭에 들어가게 한 뒤 침대 끄트머리에 고정시켜 두었다. 이 모든 과정에서 야간 담당자의 행동은 아주 중요했다. 이들은 조용하게 다녀야 했고 예외 없이 확고하게 처신해야만 했다.

아이들의 수면 장애가 다음 날 당장 없어진다는 것을 부모들은 좀처럼 믿기 어려울 것이다. 그러나 이것은 어떻게 행동해야 하는지에 관한 규칙을 보여 주는 하나의 행동 치료 표본과 같다. 어떤 행동이 주변 환경으로부터 긍정적인 반응을 얻게 되면, 이 행동은 안정적인 것이 된다. 이때 그 행동이 환영받는 것인지 그렇지 않은 것인지는 전혀 중요하지 않다. 클라우디아가 엄마의 머리카락을 손가락으로 돌돌 감으려고 하고 엄마가 그렇게 하도록 내버려 두었다면, 그리고 그때마다 엄마가 "이제는 자야 해!"라고 말하면서 곧장 함께 침대에 눕는다면, 이러한 행동의 연관성이 굳어져 클라우디아에게는 결국 어쩔 수 없는 습관이 되어 버린다. 만일 엄마가 머리카락을 여전히 클라우디아의 손가락에 맡겨 둔 채, "어휴, 이 골칫덩어리! 너를 어떻게 하면 좋으니!"라고 핀잔을 주는 데 그친다면, 클라우디아의 행동을 고치기란 상당히 힘들어진다. 특히 이때 아이가 원하는 것을 부모가 가끔씩 들어주게 되면, 아이의 행동은 절대 고칠 수 없다. 바로 클라우디아와 엄마의 경우가 그러했다. 클라우디아가 처음 그런 행동을 시작했을 때, 엄마는 아이가 자신의 머리카락을 감지 않은 상태로 잠을 자야 한다는 것에 대해 분별력 있는 태도를 취했다. 하지만 자신이 어린 시절 계모에게서 당했던 나쁜 기억을 떠올리자 어린 딸에게 동정심이 생겨났다. 그 순간 이성보다 동정심이 더 강하게 작용하여 결국 아이에게 굴복하고 말았던 것이다. 이로써 클라우디아는 엄마의 머리카락을 감겠다고 고집을 부리면 기대감을 충족시킬 수 있다는 것을 배웠다. 아이는 엄마의 머리카락을 감고 있으면 왠지 안전하다는 느낌이 생겼다. 하지만 이처럼 파괴적인 형태의 안전—타인을 방해하는 행동을 함으로써 자신이 예견하는 반응을 끌어낼 수 있도록 상대방을 조종하는 것—에는 파괴적인 효과가 나타날 수 있다. 즉, 엄마는 아이를 위해 어떤 희생이라도 치를 수 있는 존재이지만, 그런 경우에는 조종된다는 느낌이나 부자유스럽고 무기력하고 초라하다는 느낌을 갖게 되는 것이다. 이쯤 되면 딸에 대한 사랑은 미움 섞인 복합적인 감정으로 변해 버린다. 이로부터 악순환이 생겨난다. 엄마가 불안감을 느낄수록, 자신이 기대하는 반응을 강요하려는 아이의 욕구는 한층 더 강렬해진다. 하지만 아이가 엄마를 조종하는 데 계속 성공하면, 엄마는 더욱 불안을 느끼게 된다. 그리고 엄마가 점점 더 불안해질수록 어떤 일정한 패턴 속에서 악순환이 계속되는 것이다. 논리적으로 생각해 볼 때 이같은 악순환에서 해방될 수 있는 유일한 길은 이 악순환을 깨뜨리는 것밖에 없다.

이런 이유 때문에, 우리가 아이들의 행동을 치료하면서 추구했던 목표는 지금까지 생겨났던 불쾌한 태도들을 하나씩 제거하는 데 있었다. 그래서 마음이 여린 엄마에게서 아이를 떼 내어 아이의 불쾌한 태도가 더 이상 강화되지 못하도록 조치했다. 만일 아이가 엄마에게 했던 똑같은 방식으로 교육자나 야간 담당자를 조종하려고 하더라도 그것은 곧 무시를 당했다. 정말 쉽게 실천할 수 있는 논리적 방법이 아닐 수 없다. 아이와 감정적인 유대 관계가 없을 때는 이 일이 훨씬 수월하다. 부모들, 특히 엄마들은 우리가 하는 방식을 논리적으로 따라 할 수는 있지만, 마음이 약해서 성공하기는 힘들다. 그래서 우리가 일주일 내내 돌보면서 잠자는 습관을 길러 준 아이들도, 집으로 돌아가면 옛날 버릇을 다시 시작하곤 했다.

어쨌거나 아이들은 우리 곁에서 문제없이 생활했다. 우리는 아이들에게 사랑하는 가족 사이에서만 생길 수 있는 보호된 느낌을 주지는 못했지만, 그 대신 아이들이 전적으로 믿을 수 있을 만한 규칙에 따라 돌봄으로써 안전하다는 느낌을 주었다. 아이들은 일관성 있는 질서를 신뢰했다. 이들은 자신들이 지닌 에너지를 끊임없이 가족들을 시험하고 조종하는 데 사용할 필요가 없었고, 자신들의 일에만 몰두할 수 있었다. 그러니 아이들은 하루 종일 활기에 차 있었고, 밤에는 잠을 푹 잤기 때문에 피로도 풀 수 있었다.

이런 말을 하고 있으니 문득 나의 어린 시절이 생각난다. 치료 센터에서 일할 때 나는 환자인 아이들의 상태를 잘 이해할 수 있었는데, 그것은 나 역시 어린 시절 중이염 때문에 잠을 자지 못했던 경험이 있기 때문이었다. 아프거나 장애가 있는 아이들은 반드시 돌봐 줘야 하기 때문에 자주 과잉 보호의 대상이 되기도 한다. 근심에 싸인 엄마는, 아이가 잠을 못 자는 것을 보면 어디가 아프거나 도움이 필요한 것이라고 생각한다. 세상에서 엄마보다 아이를 더 잘 보살펴 줄 존재가 어디 있겠는가? 당연히 엄마는 아이 곁을 떠나지 않는다. 내가 중이염 때문에 잠에서 깨어났을 때, 엄마는 나를 아이 침대에서 안아 올리고 엄마의 침대로 데려갔다. 그 다음 여러 가지 시끄러운 일이 일어났지만 코를 고는 아빠는 아무런 방해도 받지 않고 쿨쿨 잤다. 하지만 나보다 세 살 많은 언니는 질투가 나서 잠을 자지 않았다. 엄마는 나를 무릎 위에

올려놓고 비스듬하게 안은 채 귀 안에 약을 발라 주었다. 그러자 곧 아픈 것이 없어졌다. 하지만 엄마가 그렇게 애정 어린 눈빛으로 나를 보살펴 주는 것이 너무 편안했기 때문에 끝없이 그런 상태로 있고 싶었다. 하지만 엄마는 나를 다시 침대로 돌려보냈다. 그래서 나는 마치 귀가 다시 아프기라도 한 것처럼 처절하게 울기 시작했다. 물론 엄마는 귀에 약을 다시 넣지는 않았지만, 나를 무릎에 올려놓고 흔들어 주면서 두 가지 음을 반복적으로 흥얼거렸다. 나는 지금까지도 그 음이 기억난다. "에-치스, 에-치스, 에-치스…" 너무 피곤해서 엄마가 잠시 졸기라도 하면, 나는 이렇게 소리를 질렀다. "다시 해 줘!" 물론 엄마는 다시 해 주었지만, 어쩐지 나는 만족할 수가 없었다. 그래서 나는 엄마의 결혼 반지를 달라고 조르기 시작했다. 나는 반지를 엄지손가락과 가운뎃손가락 사이에 쥐고 집게손가락으로 그것을 돌렸다. 몇 시간이나 똑같은 동작을 하다 보니 정말 도사의 수준까지 이르게 되었다. 엄마가 나를 잘 흔들어 주지 않으면 반지를 더 열심히 돌렸다. 지금도 생각나는 것은, 당시 엄마의 얼굴과 나 사이가 멀리 떨어져 있다는 것에 대한 불안감이다. 엄마의 무릎에서 머리까지의 거리는 너무 멀어서 닿을 수 없는 것처럼 느껴졌다. 그 간격은 점점 멀어지는 것처럼 느껴졌는데, 아마도 그것은 침대 곁에 켜 둔 전등의 불빛이 매우 어두웠기 때문이었을 것이다. 그 전등 위에는 파란색 천이 씌워져 있었는데, 나는 그것을 보면 왠지 소름이 끼쳤다.

오늘날까지도 나는, 그때의 내가 가장 원했던 것이 무엇인지를 기억하고 있다. 그것은 엄마가 나를 꼭 껴안아 주어서 귀신 같은 그 파란색 천을 더 이상 보지 않게 되는 것이었다. 엄마 역시 나와 함께 자리에 누워 내가 더 이상 반지를 돌리지 않게 만들고 싶었을 것이다. 그래야 내가 "에-치스"라는 음을 들으면서 잠을 잘 수 있었을 테니까 말이다. 하지만 엄마가 그토록 지성으로 나를 돌보았음에도 불구하고, 나는 보호된다는 느낌을 가질 수 없었다. 그러니 나 스스로 그런 느낌을 만들어야만 했다. 그래서 반지를 꼭 쥐고 혼자 "에-치스"를 흥얼거렸던 것이었다. 이것은 나뿐 아니라 엄마와 언니에게도 잊혀지지 않는 기억으로 남아 있다. 그러나 나의 수면 장애가 그리 오랫동안 지속된 것은 아니었다. 정확하게 알 수는 없지만 엄마는 언젠가부터 연극을 보러 가는 것조차 귀찮아했다. 엄마는 그 지역의 전형적인 여자들처럼 타인과의 접촉을 피하고 집에만 계셨다. 그것은 아마도 내가 편도선 수술을 했던 것, 그리고 중이염을 치료하고 있었던 것과 관련이 있을지도 모른다. 수술 후에도 나는 엄마의 그처럼 극진한 보살핌을 받았지만, 얼마 후 엄마는 내가 아이 침대에서 혼자 잘 수 있을 만큼 건강해졌고 충분히 어른스러워졌다고 설명해 주었다.

그러나 무섭거나 추울 때마저 엄마의 침대에서 잘 수 없게 했던 것은 아니었다. 어차피 내 침대는 엄마, 아빠의 침실에 같이 있었기 때문에 특별히 쇼를 벌일 필요도 없었다. 당시에는 부모와 자식의 침실이 따로 있는 것이 좋다는 의견이 지배적이었으나, 다행스럽게도 우리 엄마는 그런 유행을 따르지 않았다. 엄마는 워낙 마음이 따뜻해서 어린 자식들을 외롭게 내버려 두지 못했다.

밤에 아이의 침실을 들여다봐서는 안 된다는 법칙을 믿는 사회는 지금도 많다. 아직까지도 동구권 국가에서는 아이를 밤에 혼자 두는 것이 당연하다고 생각한다. 그렇지 않으면 엄마들은 직장에 다닐 수 없을 테니까 말이다.

내가 이 책을 쓸 목적으로 동구권 출신의 아이 엄마들과 이야기를 나누었을 때, 그들이 한결같이 이렇게 말하는 것을 들을 수 있었다. "그건 정말 쓸데없는 질문이에요! 원하든 말든, 나는 어차피 일하러 가야 해요. 여성 해방과는 전혀 상관없는 문제죠. 살기 위해서는 어쩔 수 없어요. 남자 혼자서 벌어 봐야 생활비조차 댈 수 없는 형편이니까요. 우리 부부가 함께 일하지 않았디라면, 아마 우리는 애를 키울 수 없었을 겁니다. 그러니 잠을 자지 않고 어떻게 일하러 가겠어요? 당연히 나도 밤에 잠을 자야죠." 할머니가 집에 함께 있으면 아이를 유치원에 보내지 않아도 하루 종일 돌봐 줄 수도 있겠지만 요즘에는 그런 할머니들도 많지 않다. 이렇게 삶이 힘들다 보니 아이들 역시 힘들어진다. "유감스러운 일이지만, 아이들도 같이 고생을 하는 수밖에 없답니다. 뾰족한 수가 없어요."

구동독 지역에서는 베를린 장벽이 무너진 후 한동안 아이의 수면 장애에 관해 떠들지 않았었다. 그러나 이들의 생활 수준이 서독과 비슷해지기 시작하면서 사정이 달라졌다. 특히 아이가 적어도 세 살이 될 때까지 엄마가 집에서 아이를 돌봐야 한다는 서독 사람들의 충고는 많은 엄마들로 하여금 직장을 그만두도록 부추겼다. 당시 나는 이런 현상을 보면서, 확신도 없이 아이를 교육시키던 서구인들의 불안이 동구 유럽인들에게까지 전염된 것이라고 생각했다. 마침내 동구 유럽인들에게서도 이런 질문이 쏟아져 나오게 되었던 것이다. "밤에 잠을 안 자는 아이는 어떻게 해야 하죠?"

세상사가 모두 그렇듯, 밤에 아이를 엄격하게 다루는 것에도 나름대로 장단점이 있다. 우리는 앞 장에서 아이들이 안전감과 보호된 느낌을 갖게 되는 조건들, 즉, 포대기와 리듬, 안전한 장소, 자신감 있는 엄마에 대해 살펴보았는데, 그러한 조건들을 통해 이 문제를 다루어 보기로 하자.

장점

가장 마지막 조건부터 시작하겠다. 엄마와 아빠 그리고 다른 가족들의 확신은 흔들리지 않았다. ―물론 질병이 발생하면 그런 확신도 흔들리기 마련이다. ―그들에게 있어서 아이가 유모차나 아이의 침대에서 잠들어야 한다는 것은 마치 불변의 법칙과도 같았다. 아무도 이를 어기지 않았고, 엄마도 자신의 행동에 의문을 품지 않았다. 또한 엄마는 다른 가족 구성원들이 자신을 이해하고 돕는다고 느꼈다. 또한 아이는 엄마를 신뢰할 수 있었다. 즉, 아이는 엄마의 행동을 의심하거나 반박하거나 거부하지 않고 받아들일 수 있었던 것이다. 엄마뿐 아니라 가족 모두가 아이를 어떻게 다루어야 할지 몰라 머뭇거리는 일 없이 확신 있게 행동했다.

게다가 잠을 자는 장소 역시 안전한 느낌을 주었다. 아이는 항상 잠이 들었던 곳에서 깨어났다. 잠자리는 아이가 성장함에 따라, 유모차에서 격자로 두른 아이 침대, 그리고 보통 침대로 바뀌었다. 아이들은 대개 형제들과 함께 자다가, 성장하면 자신의 방에서 혼자 잠을 자기도 했다. 하지만 이러한 모든 경우에 있어서 아이들은 주변의 환경을 믿을 수 있었다. 양탄자, 침대 가장자리의 격자무늬, 전등은 이미 본 적이 있는 것들이었다. 째깍거리는 벽시계 소리, 길에서 들려오는 자동차 소리, 거실에서 흘러 나오는 라디오 소리도 낯설지 않았다. 그러니 주변은 언제나 친숙했고, 자신이 있는 장소는 피난처와 같았다.

아이들의 하루 스케줄도 규칙적으로 돌아가는 시계처럼 미리 정해져 있었다. 가령, 나는 이랬을 때 텔레비전의 어린이 저녁 프로그램을 보고 나면 곧장 자러 가야 한다는 것을 알고 있었다. 그리고 엄마가 나에게 동화책을 읽어 주고 잘 자라고 인사를 할 때까지 전등이 켜져 있었다. 그렇듯 정확한 일정표는 나에게 길 안내판과 같은 느낌을 주었다. 말하자면 그런 것들은 앞으로 어떤 일이 일어나게 될 것인지 내게 지시해 주었던 것이다. 나는 모든 일을 예측할 수 있었고, 그래서 하루 일과를 생각하며 기대감도 충족시킬 수 있었다. 나는 언젠가 단골 식당에 들른 한 노인이 자신의 어린 시절을 회상하며 하는 이야기를 듣게 되었다. "나는 반쯤 잠이 깬 상태에서 커피메이커에서 커피가 나오는 소리를 듣고, 신선한 빵 냄새를 맡았지. 매일 똑같았어. 암, 정말 멋진 날들이었지. 악몽을 꾸더라도 그런 익숙한 냄새와 익숙한 소리를 들으면 나는 안도의 한숨을 내쉬고는 했다네." 그러자 그 노인의 곁에 앉아 있던 다른 노인도 맞장구를 쳤다. "맞아! 그때는 자명종이 없어도 일어났지. 난 눈을 뜨면 제일 먼저 목욕탕에서 나는 소리를 들었어.

면도하는 소리였지. 물소리도 났고 말이야. 아버지는 가끔 기분이 좋을 때면 이탈리아 노래를 부르기도 했어. 그러면 어머니는 부엌에서 소리를 질렀지. '제발 노래 좀 그만 불러요! 아이들이 아직 자고 있잖아요. 그리고 당신 지금 엉터리로 노래를 부르고 있다는 사실 알아요?' 눈을 뜨지 않고도 아버지가 뭘 하시는지 눈에 선했어. 내 방 문과 목욕탕의 문 사이에 나 있는 틈으로 들여다보면 아버지는 칼로 면도용 거품을 긁어내고 계셨지. 거울을 뚫어지게 쳐다보면서 어머니의 고함 소리에도 아랑곳하지 않고 노래를 했어. '오, 솔레 미오….'"

단점

포대기와 리듬에 관한 본능적인 욕구와 관련해서 아이는 분명히 손해를 보았다. 그들의 조부모 세대에는 포대기가 일반적으로 사용되었다. 저녁에 아이를 목욕시킨 뒤 곧장 포대기로 돌돌 말아서 자게 해야 한다는 구식의 충고가 통용되고 있었기 때문이다. 또한 당시의 엄마들이 아이를 좀 더 느슨하게 덮어 주고 싶어도 그렇게 하지 못했던 이유는, 포대기가 추위로부터 아이를 보호해 주었기 때문이다. 석탄이 너무 비싸서 겨울에도 난로가 대개 꺼져 있었으므로 엄마들은 추위에 예민하게 반응하는 아이를 꽁꽁 감싸 둘 수밖에 없었다. 그런 뒤 중앙 난방식 구조로 바뀌기 시작하고, 아이를 침낭이나 포대기에 싸 두면 마음대로 움직이지 못해서 해롭다는 새로운 이론이 등장하자, 포대기는 거의 무용지물이 되고 말았다.

규칙적인 리듬 역시 비판의 대상이 되었다. 전문가들 가운데 아이를 규칙적으로 흔들어 주면 대뇌의 연약한 막들이 손상될 위험이 있다는 주장을 내세우는 사람들이 있었던 것이다. ―그러나 이것은 얼마나 엉터리 같은 주장인가! 만일 이 말이 사실이라면, 어린 시절 그렇게 자랐던 우리의 조상들, 예를 들어 이집트인, 그리스인과 게르만족들은 집단적으로 뇌에 손상을 입었다는 기록이 있어야 할 것이다. ―아이들은 아주 어릴 때부터 푹신한 유모차에 누워 흔들거리는 즐거움을 맛볼 수 있었다. 또한 이동식 침대의 경우도 흔들어 주는 것이 아주 쉬웠다. 예전에는 흔들어 주지 않으면 빨리 잠들지 못하는 아이들이 있었고, 엄마들은 힘들어도 가능하면 자기 품에 안고 흔들어 주었다. 이에 반해 새롭게 등장한 아이 침대는 움직이지 않았다. 이 침대는 율동이니 리듬이니 하는 것들과는 조금도 상관이 없었다. 그렇다면 해결책은 무엇이었을까? 바로 고무 젖꼭지였다. 고무 젖꼭지나 혹은 젖꼭지가 달려 있는 젖병 말이다.

이제 왓슨이 아이를 돌보는 방식 가운데 가장 심각한 단점을 다루어 보자. 아이는 불안을 느끼지 않으려면 스스로 뭔가를 해야만 했다.

• 외부로부터 제공되는 리듬 대신에 아이는
고무 젖꼭지나 손가락을 통해 스스로 리듬
을 만들어야 했다. 이렇게 하더라도 리듬에
대한 욕구가 충족되지 않아 심하게 몸을 흔드는 아이도 있었다.
나중에 이런 아이의 뒤통수를 살펴보면 머리카락이 빠져 있는 것을 발견할 수 있었다. 이러다가 능숙하게 흔드는 방법을 습득한 아이는 배로 침대를 흔들어서 삐걱거리게 만들기도 했다. 나중에 이런 행동은 흔히 자위 행위로 해석되었다.

- 너무 일찍 많은 것을 잃어버린 신생아들은 몸을 감쌀 만한 무엇인가를 느끼고 싶어한다. 그래서 이 아기들은 자기 힘으로 인큐베이터의 벽을 향해 움직인다. 말하자면 넓은 침대란 아이들에게 아무 소용이 없다는 뜻이다. 우리는 때로 아이들이 구석에서 이불을 돌돌 말고 자는 모습을 발견하곤 한다. 나는 밤에 불안해서 잠을 이루지 못하는 많은 아이들이 가족과 함께 휴가를 갔을 때 텐트 속이나 캐러밴 속의 좁은 침실에서는 아주 잘 잤다는 이야기를 여러 번 들을 수 있었다. 또한 마리아 몬테소리의 보고에 따르면, 두 살 짜리 아이가 부모와 함께 긴 여행을 마치고 돌아온 뒤 심각한 흥분 상태와 소화 장애로 밤마다 어려움을 겪었다는 사례가 제시되어 있다. 여행을 하면 호텔도 여러 번 바뀌게 되고, 어떤 호텔에서든 아이들은 협소한 침대를 사용하게 된다. 집에는 커다랗고 멋진 침대가 있는데도, 아이는 잠을 이루지 못했다. 여행에서 돌아온 후 멋지고 커다란 침대에서 잘 수 있게 되었는데도 아이는 통 잠을 이루지 못했던 것이다. "부모들은 아이를 밤새 안고 있어야 했다. 하지만 아이는 어디가 아픈지 찢어지는 소리를 내면서 울어 댔다. 소아과 의사들 몇 사람이 다녀갔고, 그 중 한 의사는 비타민을 처방해 주었다. 그러나 이 처방은 아무런 효과도 없었고, 그들이 권유했던 일광욕, 드라이브 등의

최신식의 방법을 사용해 보았지만 역시 아무 소용이 없었다. 오히려 상태는 더욱 악화되었고, 아이의 식구들은 매일 끔찍하게 밤을 지새야 했다. 마침내 아이는 경련까지 일으켰다. … 이 같은 경련은 하루에 두세 번씩 일어났다. 때문에 아이의 부모는 신경이 예민한 아이를 치료하는 분야에서 가장 유명한 전문의를 찾아가기로 결정했다. 내가 아이를 본 것도 바로 이 시점이었다. … 아이는 침대에 누워 있었는데, 이때도 역시 상당히 흥분해 있는 상태였다. 나는 팔걸이가 있는 두 개의 안락의자를 가져 와서 서로 마주 보는 형태로 놓아 흔들 침대처럼 배치했다. 그런 다음 의자에 이불을 깔고 아무 말 없이 이것을 아이가 누워 있는 커다란 침대 곁으로 옮겨 두었다. 그러자 아이는 우는 것을 멈추고 그것을 빤히 쳐다보더니 혼자서 침대 가장자리로 기어갔다. 그리고는 내가 마련한 임시 요람 안으로 떨어지더니 그곳에서 금세 잠이 들었다. 이후 아이는 병적인 증상을 결코 보이지 않았다. 아마도 이 아이는 여행을 다니면서 팔과 다리가 닿을 정도로 사방에서 자신의 몸을 감싸는 작은 침대에서 자는 데 익숙해진 모양이었다. 그런데 집에 있는 커다란 침대는 그런 역할을 해 주지 못했고, 이로 인해 내적인 안정을 잃어버린 아이는 고통에 빠진 것이다. … 우리가 좋다고 생각하는 것을 아이도 당연히 좋아할 것이라고 생각해서는 안 된다. 우리는 이미 감각들의 홍수로 인해 무디어져 있지만, 무(無)로부터 갓 나온 아이는 아직 그렇지 못하다."

아이는 포대기나 리듬의 결핍을 혼자의 힘
으로 넉넉하게 보충할 수 없기 때문에 안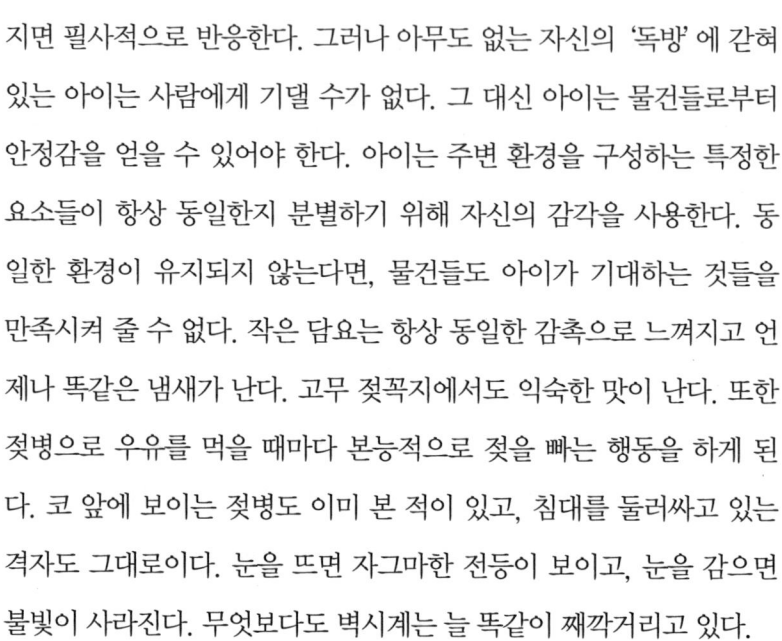
전한 장소를 감지할 수 있는 기회가 주어
지면 필사적으로 반응한다. 그러나 아무도 없는 자신의 '독방'에 갇혀
있는 아이는 사람에게 기댈 수가 없다. 그 대신 아이는 물건들로부터
안정감을 얻을 수 있어야 한다. 아이는 주변 환경을 구성하는 특정한
요소들이 항상 동일한지 분별하기 위해 자신의 감각을 사용한다. 동
일한 환경이 유지되지 않는다면, 물건들도 아이가 기대하는 것들을
만족시켜 줄 수 없다. 작은 담요는 항상 동일한 감촉으로 느껴지고 언
제나 똑같은 냄새가 난다. 고무 젖꼭지에서도 익숙한 맛이 난다. 또한
젖병으로 우유를 먹을 때마다 본능적으로 젖을 빠는 행동을 하게 된
다. 코 앞에 보이는 젖병도 이미 본 적이 있고, 침대를 둘러싸고 있는
격자도 그대로이다. 눈을 뜨면 자그마한 전등이 보이고, 눈을 감으면
불빛이 사라진다. 무엇보다도 벽시계는 늘 똑같이 째깍거리고 있다.

밤의 이러한 '안전 프로그램'에는 보호가 포함되어 있지 않으므로,
아이는 그만큼 더 환경이 변하지 않는다는 것을 믿으려고 한다. 보호
받는 느낌은 사람들을 통해서만 얻을 수 있는 것이다. 보호란 타인이
자신에게 공감하고 있음을 느끼는 것이며, 예상할 수 있는 분별력, 약
속을 지키는 것 그리고 사랑하기 때문에 제공되는 무조건적인 신뢰를
의미한다. 하지만 밤에 아이는 혼자다. 그러니 사람 대신 물건을 통해
서 그런 신뢰감을 얻어야만 한다. 사람을 필요로 하는 정서를 물건으

로 대체하려는 의지가 어떤 규칙성을 갖게 되면, 아이에게 일정한 습관이 생겨나게 된다. 아이의 성격, 불안의 정도, 중독 성향에 따라서 대체물이 주는 만족감은 아이를 종속시킬 수도 있고 중독에 빠뜨릴 수도 있다. 모든 경험은 반복을 통해 아이의 대뇌에 각인된다. 독일어 속담에 이런 말이 있다. "어릴 때 배우지 않은 것은 영원히 배우지 못한다." 바꿔 말하면, 어릴 때 배운 것은 어른이 되어서도 남게 된다는 뜻이다.

- 고무 젖꼭지를 통해서 자신의 불안정함을 진정시키는 버릇이 있는 아이는, 나중에 기분이 좋지 않을 때 그와 비슷한 것을 입에 물게 된다. 가령 연필을 씹거나 손톱을 물어뜯거나 담배를 피우는 습관을 갖게 된다.
- 우유병으로 고립감을 달래는 습관을 가졌던 아이는 훗날 술을 마시게 된다.
- 자신이 사용하는 작은 담요에서 특정한 방식으로 냄새를 찾아내던 그 느낌을 기억하는 아이는, 어른이 되었을 때 좋아하는 향수를 통해 그런 느낌을 얻으려고 한다. 아이는 이 향수로 다른 냄새를 지워 버린다.
- 수건이나 딸랑이 같은 것을 손에 쥐고 있을 때 안전한 느낌을 가졌던 아이는, 성인이 되어서도 손에 뭔가가 들려 있는 느낌을 필요로 한다. 운전대나 은행 구좌 잔고 통지서 같은 것들이 예가 될 수 있다. 이런 사람들에게는 물건을 소유하거나 쥐고 있는 것

이 사람들과 함께 있는 것보다 더 중요하다.

- 침실의 전등 불빛이 아이에게 안전한 느낌을 주었다면, 아이는 나중에 어른이 되어서도 빛을 내는 물체를 항상 찾게 된다. 텔레비전 화면이나 컴퓨터의 모니터가 그에 해당하는 예라고 할 수 있다.

나는 이런 사례를 끝없이 나열할 수도 있다. 아마도 그렇게 하면 우리가 최근까지 원인을 잘 모르고 있었던 여러 가지 습관과 행동들이, 비가 내린 뒤 땅에서 불쑥 자라나는 버섯처럼, 괴벽이나 중독의 증상으로 밝혀질지도 모른다. 여기서 비라는 것은 냉수로 하는 샤워와 같

은 상징적인 의미를 가지고 있는데, 현대인들은 이런 비를 통해서 따뜻한 보금자리를 원하는 본능적 욕구를 말끔히 씻어 내려고 노력했던 것이다.

기술 시대의 부모들이 아이를 키웠던 방식에서 주목할 만한 점은, 이들이 아이를 강하게 키우려는 의도를 갖고 있었다는 것과, 안전이나 안전한 장소를 중요하게 생각했다는 사실이다. 이것은 부모들이 버릇없는 아이를 원치 않았기 때문이고, 자식을 키우더라도 자신들의 여유를 즐기는 것에 관심을 두었기 때문이라고 할 수 있다. 하지만 포대기와 리듬을 원하는 아이들의 욕구는 거의 부시뇌었다. 어쩌면 이것은 감정이입과 사랑의 능력을 상실한 시대, 인간 존재의 의미에 대한 단호한 질문에 맞닥뜨린 시대의 개막을 의미하는 것인지도 모른다. 비가 내린 뒤 땅에서 어떤 버섯이 솟아오르게 될지 우리의 할머니 세대는 알지 못했다. 비란 토지에 이로운 것이기 때문에, 이 비가 위험한 요소를 내포하고 있으리라고는 생각지 않았던 것이다. 씨앗에서 시작된 열매는 완전히 익기까지 아주 오랜 시간이 걸린다. 심리학에서 발견한 강박 노이로제 증상이나 중독 현상이 사람 대신 물건으로 대체하려는 욕구에서 생겨난 것이라는 사실을, 사람들은 한 세대에서 두 세대가 지난 후에야 비로소 이해하게 되었다.

우선 우리가 두 시대에 걸쳐 발견했던 내용을 반복해 보자.

• 원시적인 시대의 갓난아이는 안전하다는 느낌을 즐겼다. 왜냐하면 아이 돌보는 방법에 대해 의심하지 않았던 엄마가 포대기와 리듬뿐 아니라 안전한 장소까지 제공했기 때문이다. 또한 아이는 보호되고 있다는 느낌도 충분히 받았다. 엄마나 다른 식구들에게 안겨서 감정적인 욕구를 만족시킬 수 있었기 때문이다. 물론 아이는 자는 것이나 노는 것을 언제, 어디에서, 어떻게 할 것인지 자유롭게 결정할 수는 없었다. 그 대신 아이는 항상 주변 사람들로부터 사랑받고 있다는 것을 느낄 수 있었다.

• 기술적인 방법으로 아이를 돌보는 시대에 이르자, 아이들은 독

립적으로 지내야 했고 더 이상 보호의 느낌을 가질 수 없었다. 물론 엄격한 규칙 때문에 더 안전해지기는 했다. ─우리는 이와 비슷한 예를 교통 법규에서 볼 수 있다. 이러한 규칙들은 흔히 매우 엄격하게 보이지만, 이 규칙을 따르는 것이 우리에게 안전한 것이다.

그렇다면 이제 오늘날의 상황은 어떠한지 살펴보기로 하자.

간략하게 말하면, **오늘날의 갓난아이들은 안전감은 물론 보호되는 느낌조차 받지 못한다.** 그러면 사람들은 이렇게 반문할 것이다. 왜 하필이면 온갖 수단을 사용해서 아이들의 복지를 위해 노력하고 있는 현대 사회에서 아이들이 그러한 피해를 입는 것이냐고 말이다. 왜 현대 사회에 살고 있는 아이들이 원시 문화나 구시대의 문화에서 태어난 아이들보다 더 불리한 입장에 있는 것일까? 물론 여기에서 불리하다는 것의 기준은 교육 수준과 물질적 요소, 즉 음식, 의복, 장난감 따위가 아닌 정신적인 균형을 말하는 것이다. 낮에는 주변 환경에 관심을 기울이고 밤에는 숙면을 취하는 자연스러운 균형 말이다.

오늘날의 젊은 부모들은 대부분 엄격한 권위적 교육을 받고 자란 세대이다. 말하자면 마음껏 자유를 누리지 못한 탓에 많은 괴로움을 겪어야만 했던 세대인 것이다. 엄격한 부모에게 반항한다는 것은 생각조차 할 수 없는 일이었다. 당시의 부모들은 "네가 우리 집에서 밥을 먹는 한 말이야…"라는 식으로 자식들에게 복종을 요구했다. 게다가 부모로부터 사랑을 받을 수 있는 기간도 그리 길지 않았다. 그러나 쌓인 분노를 말끔히 씻을 수 있는 기회조차 없었다. 아니, 분노를 표현해서도 안 되었다. 젊은이들은 침대에서 홀로 눈물을 삼키며 더 나은 시대를 꿈꾸기만 했다. 자유롭게 결정할 수 있고 독자적으로 자아를 실현할 수 있다면, 그리고 인생과 세상이 그들에게 속해 있다면 어떻게 될까?

마침 이 시기에 미국과 서유럽에서는 자유에 대한 꿈이 단순한 환상이 아닐지도 모른다는 희망이 번지기 시작했다. 1968년 학생 운동이 주창했던 자유로운 이데올로기는 꿈을 행동으로 옮기게 했던 것이다. 그러나 세상의 모든 것이 그렇듯, 이 이데올로기 또한 장점과 단점을 가지고 있었다. 결국, 세대간의 대화는 이루어지지 않았다. 제2차 세계대전 후 서독의 노인들과 부모 세대는 자신들이 인류에게 만행을 저질렀다는 사실을 감지하였지만, 이를 침묵으로 은폐하고 말았던 것이다. 그리하여 열광적 분위기에 휩싸여 하나의 극단이 반대쪽 극단으로 옮겨 가는 막힘 없는 변혁의 물결이 출렁이게 되었다. 교육 분야에도 반권위적인 경향이 밀려들어 왔다. 신선한 바람이 곰팡내가 나는 시민들의 집을 휩쓸었다. 히피족들은 장발을 하거나 면도도 하지 않은 채 거리를 쏘다녔으며, 거리낌 없이 자연스럽게 섹스를 즐겼다. 그러한 분위기를 노래했던 비틀즈는 수백만의 사람들로부터 인기를 얻었다. 거리는 온통 데모하는 젊은이들로 가득 찼고, 대학들은 현수막으로 뒤덮여 있었다. 구질서를 반대하는 인상적인 반역이었다. 젊은 사람들만이 옳다! 부모들로부터 나온 모든 것들은 나쁜 것이거나 적어도 의심해 봐야 한다는 것이었다. ―뇔레 노이만(Nölle Neumann) 교수가 1980년대 말에 실시했던 어느 조사 결과를 보면 그 같은 태도가 잘 나타나 있다. 젊은 층 가운데 28퍼센트만이 부모를 공경해야 한다는 십계명의 가르침에 찬성했던 것이다. 이는 나머지 72퍼센트의 사람들이 부모를 공경해야 한다는 것에 찬성하지 않았다는 것을 의미한다. ─당시 젊은 사람들이 외치던 또 다른 중요한 주장들이 있었다. 무조건 복종하지 말자! 질서를 지키지 말자! 더 이상 비굴한 사람이나 예스맨이 되어서는 안 된다! 즉, 이러한 주장은 우리가 무엇보다 스스로 결정을 할 수 있어야 한다는 것이며, 태어나면서부터 이런 자유를 누릴 수 있어야 한다는 것이다. 유아에 대한 연구 결과를 근거로 이러한 주장을 더 강화하려는 입장을 가진 사람들도 많아졌다. 즉, 아이들은 일반적으로 생각하는 것보다 훨씬 더 일찍 자신의 감정적인 욕구를 감지하고 있으며, 만일 이 욕구가 충족되지 않을 경우 고통을 느끼게 된다는 것이다. 그때까지만 해도 사람들은, 정확하지는 않지만 아이들이 대략 한 살 때부터 실망을 느끼기 시작한다고 생각했었다. 그런데 이제, 아이들이 엄마의 뱃속에 있을 때 이미 정신적인 활동을 시작한다는 것을 알게 된 것이다. 자연으로 돌아가자는 슬로건이 힘을 얻으면서 자연 분만, 루밍-인, 모유 등이 권장되었고, 가능하면 아이와 엄마 또는 아이와 아빠 사이에 가까운 접촉이 이루어지도록 노력해야 한다는 주장이 유행하게 되었다. 또한 아이를 보수적인 유모차에 태우는 대신, 포대기에 감아 데리고 다녔다. 아이를 밤에 혼자 자도록 놔두지 않고 가족들이 항상 가까이 있도록 하였다. 사람들은 원시 민족들이 아이를 돌보던 방법을 다시금 모방하기에 이르렀다. 장 리틀로프(Jean Liedloff)의 『잃어버린 행복을 찾아서』(*Auf der Suche nach dem verlorenen Glück*)라는 책이 베스트셀러가 되었다는 것은 시대의 흐름을 잘 말해 주는 것이다.

모든 것이 제대로 돌아가는 것처럼 보였다. 무엇보다 아이가 행복해질 수 있도록 배려하려는 의도는 아주 좋았다. 그러나 이 시점에서 나는 어쩔 수 없이 유명한 속담을 생각하게 된다. "지옥으로 가는 길은 선의로 포장되어 있다." 왜냐 하면 본능으로 회귀하려던 좋은 시도들이, 많은 가족들의 경우 관계의 비참한 결말로 흘러갔기 때문이다. 불합리하게도, 사랑을 일으키려던 시도들이 오히려 그 대가로 지불되고 말았다.

아이를 원시적으로 돌보는 방법을 좋은 의도에서 모방할 때, 사람들이 간과하는 것

사람들이 어떤 본보기를 모방할 때는, 불가피하게 실제적인 경험으로부터 보고 배워야만 한다. 그러나 오늘날의 엄마들은 원시 민족이 아이를 돌보는 방법을 직접 경험할 수 없었다. 다시 말해 이들은 주로 책이나 나름대로의 상상을 통해 정보를 얻었다. 따라서 이들의 지식은 현실과는 동떨어진 불명확한 정보였다고 할 수 있다. 실제로 원시 민족은 아이들에게 항상 보금자리의 안락함을 제공하기도 했지만, 제한하는 것들도 많았다. 이를테면 아이가 원한다고 해서 무엇이든 하도록 놔두지는 않았던 것이다. 포대기를 단단하게 감을 것인지 아니면 느슨하게 할 것인지, 엄마의 머리카락을 마음대로 만질 수 있도록 손을 자유롭게 둘 것인지, 혼자서 기어 다닐 것인지 혹은 식구들이 안아 줄 것인지 등등의 문제를 아이는 스스로 결정하지 못했다. 필리핀이나 그린란드의 엄마들 가운데 그 누구도 자신들이 어렸을 때 누렸던 자유보다 더 많은 자유를 아이에게 주려는 엄마는 없다. 이들은 이 문제에 관해 깊이 생각할 필요도 없이 다른 엄마들처럼 아이들을 키우려고 노력할 뿐인 것이다.

그러나 고도로 문명화되고 이데올로기를 따라 살아가는 복지 사회의 젊은 엄마들은 다르다. 이들은 아이를 적응시켜야 한다는 필연성에 따라 행동하는 것이 아니라, 어린 시절 자신들이 누리지 못했던 자유를 아이에게 주기 위해 행동한다. 이런 현상은 무엇보다 권위적인 환경에서 자랐던 엄마들에게서 흔히 나타난다. 그런데 어린 시절 권위적인 가정에서 자라났지만, 규칙을 세우거나 지키는 방법도 모르고 좌절감을 참는 방법도 모르는 부모들이 늘어나고 있다. 그러한 젊은 엄마들과 아빠들은 신경이 극도로 쇠약해진 상태로 종종 상담실을 찾는다. "더 이상 참을 수가 없어요. 속이 다 타 버렸습니다. 차라리 약을 먹고 죽든지, 자동차를 몰고 가다가 나무라도 박아 버리고 싶은 심정이란 말입니다." 이들에게 무엇을 원하는지를 물어보면 대개는 이렇게 대답한다. "예전과 똑같아졌으면 좋겠습니다."

물론 개인적으로 차이가 있기는 하지만, 이들 부모들은 아이를 기르는 데 있어서 대체로 자유라는 개념을 염두에 두고 있었다. 그런데 가만히 살펴보면, 자유를 중요하게 생각하는 당사자는 아이가 아니라 오히려 부모이다. 아이는 무엇보다 자신들의 기본적인 욕구, 즉 보호의 욕구를 충족시켜야 하며, 이 같은 기본적인 충족 위에서만 자신의 의지와 자유를 원하게 된다. 어린 새들의 경우도 마찬가지이다. 맨 먼저 새끼들은 어미의 보호를 받으며 성장하게 되는데, 그런 다음에야 스스로 날개를 펴서 둥지로부터 날아갈 수 있게 되는 것이다. 그러나 1968년 운동을 지지했던 사람들은 부모들에게 이와는 다른 권유를 했다. "아이들이 마음대로 움직이려는 자유를 제한해서는 안 된다! 태어나자마자 아이는 자유롭게 발버둥칠 수 있어야 한다. 아이는 자신에게 무엇이 좋은지 제일 잘 알고 있다. 자는 것과 먹는 것에 대한 자신의 리듬을 스스로 알게 되는 것이다." 이런 충고는 아이가 자연스럽게 적응하는 과정을 전도시켜 버리는 결과를 낳았다. 미성숙한 아이가 성숙한 부모에게 적응하는 것이 아니라 부모가 아이에게 적응하도록 만든 것이다.

이 말에 오해가 없도록 좀 더 자세한 설명을 하겠다. 물론 부모는 아이에게 맞춰야 한다. 이것은 우선 성장 단계에 맞게 아이를 보호해 주고, 그 다음에 자유를 주어야 한다는 뜻이다. 하지만 아이를 키우고 교육하면서 이 같은 욕구를 어떻게 채워 줘야 할지 알아야 하는 사람은 바로 부모이다. 이들은 아이의 욕구를 충족시켜 주는 방법도 알아야 하고, 또 이를 아는 사람으로서 책임도 져야만 한다.

이런 얘기를 하다 보니 '반(反)교육학'을 주장하는 사람과 나누었던 대화가 생각난다. 대화의 내용은 아이를 안아서 치료하는 방법에 관한 것이었다. 나는 이에 찬성하는 입장이었으나 그는 완강하게 반대했다. 나는 어린 시절에 엄마와 아이의 관계가 손상을 입으면 아이가 평생 정신적으로 심각한 장애를 갖게 된다는 점을 강조하면서, 엄마와 아이 사이에 밀접한 접촉이 필요하다고 주장했다. 나는 그에게 이 치료법을 반대만 하지 말고 인내심을 가지고 지켜봐 줄 것을 요청했다. 최소한 신생아들의 경우에는 이러한 방법이 꼭 필요하다. 그러나 사람들은 의학적으로 돌봐야 한다는 이유로 신생아를 엄마에게서 떼어 놓는다. 그러면 아이는 엄마를 잊어버리고 나중에 엄마가 안아 주려고 할 때, 소위 '모로 반사(Moro-Reflex)'에 의해 이를 피하려고 한다. 두 팔을 뻗고 머리를 뒤로 젖히는 행동이 바로 모로 반사의 징후이다. 이것은 엄마로부터 도망가려는 행동이다. 이때 엄마는 갓난아이가 자신의 품에 안겨서 편안함을 느낄 때까지 달래고 쓰다듬어 주어야 한다. 그러면 엄마와 아이 사이의 관계는 다시 회복되고, 아이는 다시 태어난 듯한 기분을 느낄 것이다.

내가 이런 것에 대해 설명하자 그는 즉시 반격했다. "그것은 아이의 의지를 꺾어 버리는 일입니다!" 이 사람은 아이의 기본적 욕구의 순서를 얼마나 완벽하게 전도시키고 있는가! 신생아는 자유롭게 결정하고, 그 결정으로 인해 어떤 결과가 생길지 예상할 수 있는 능력이 없다. 가령, 엄마와의 스킨십을 피하는 신생아는 자신이 훗날 성인이 되었을 때 접촉에 대한 두려움으로 고생하게 될 수도 있다는 사실을 알지 못한다. 왜냐 하면 여러 가지 선택들과 특정 선택으로 발생하는 결과를 구분할 수 있어야 의지라는 것도 가질 수 있기 때문이다. 아이가 엄마를 거부하는 행동은 고의적인 의지 행위가 아니라 반사적인 방어 행동이자 본능적인 도피인 것이다. 이 같은 반사 행동은 엄마의 애정 어린 포옹을 통해서 돌이킬 수 있고, 그와 함께 두 사람 사이에 신뢰가 싹트게 된다. 포대기는 오랫동안 그러한 신뢰를 구축하는 기반이 되어 왔다. 하지만 추론하기 좋아하는 지성인들이 이에 대해 의심쩍어 함으로써 혼란이 야기되었던 것이다.

아이를 돌보는 과거의 방법을 불완전하게 모방하면 아이와 부모에게 어떤 결과가 생기는가?

- 아이는 잠자고 먹는 리듬을 스스로 발견하게 된다. 자세와 눕는 형태도 자신이 원하는 대로 한다. 부모는 아이가 원하는 것을 해 준다. 즉, 부모는 아이에게 맞추게 된다.
- 하지만 아이가 원하는 것은 수시로 바뀐다. 출산 과정에서 아무런 문제 없이 아이가 잘 태어났는지, 아니면 임신 기간 중 엄마의 뱃속에서 편안하게 지냈는지 등의 여부에 따라서 아이가 원하는 것은 다르게 나타난다. 여기에서 결정적으로 중요한 것은 아이가 자신의 체온, 예민한 상태, 공포를 구별하듯 밤낮을 구별할 수 있는가 하는 점이다. 또한 아이가 트림을 했는지 하지 않았는지도 매우 중요하다. 아이가 원하는 것은 순간적인 바람일 경우가 많다. 아이는 자신이 원하는 것을 상대에게 이해시킬 수 없기 때문에 부모는 이것을 예측하려고 노력해야 한다. 아이가 조용해지면—부모들은 이렇게 하기 위해 온갖 수단을 다 동원

한다. —부모는 아이의 바람을 충족시켜 주었다는 것을 알게 된다. 이것은 양쪽 모두에게 쉬운 일이 아니다. 그러니 아이뿐 아니라 부모도 늘 스트레스를 받을 수밖에 없다.

아이의 불편을 해소하는 방법이 일정하지 않을 때, 아이는 자신의 기대를 채워 줄 확고하고 동일한 방법을 가질 수 없게 된다. 이 때문에 아이는 불안감을 느낀다.

다른 한편으로, 부모들은 무엇을 해야 할지 결정하지 못해서 언제나 불안하다. 부모나 조부모 세대의 충고를 따르지 않고 책이나 잡지 또는 다른 전문가들의 충고에 따를수록 불안에 빠지는 경우가 더 많다. 그들의 충고는 마치 미로처럼 얽혀 있고 심지어는 서로 상충하기 때문이다. 이렇듯 다양한 이론과 주장들에 대해 토론하는 것은 의미가 있을 뿐 아니라 흥미도 있다. 우는 아이와, 아이로 인해 신경이 예민해진 남편까지 엄마가 감당해야 한다는 것은 삶을 위협하는 스트레스라고 해도 과언이 아니다. 한 마디로 불행한 일이 아닐 수 없다. 학자들은 이와 같은 스트레스를 받고 있는 상태를 '양가 감정'이라고 부르고 있다.

성경에서는 가장 중요한 창조의 법칙으로서, 완전한 힘을 향해 순응하는 두 지점에 대해 언급하고 있다. 마치 물이 강의 오른편과 왼편 둑 사이를 흐르듯이, 혹은 전류가 플러스극과 마이너스극 사이에서 만들어지듯이 인간 관계의 안전감 역시 '예-아니오'의 분명한 경계 위에 기반해야 한다. 사람들이 맺는 관계에 있어서 가장 심각한 경우는,

'예'라는 관계도 아니면서 '아니오'라는 관계 역시 아닐 때이다. 우리가 다루는 주제와 관련시켜 말한다면, 그것은 젊은 엄마들이 아이를 키울 때, 이미 책에서 읽은 내용이나 할머니로부터 들은 충고를 혼합하여 적용함으로써 매번 아이와의 관계가 달라지는 경우라고 할 수 있다. 마치 변덕스런 날씨처럼 말이다. 예를 들어, 한 번은 남편의 말대로 우는 아이를 침대에 데려가고, 부부 싸움을 하고 나면 다른 방식을 취한다. 아이를 다루는 데 있어서 어떤 방법도 미리 정해져 있지 않은 것이다. 따라서 아이는 아무것도 믿을 수가 없게 된다. 그래서 성경은 이런 것을 두고, 아무런 쓸모 없는 허튼 소리를 따라 행동하다가 불행을 자초하는 일이라고 지적한다. 예수는 산상 수훈을 통해 "너희는 '예' 할 때에는 '예'라는 말만 하고, '아니오' 할 때에는 '아니오'라는 말만 하여라. 이보다 지나친 것은 악에서 나오는 것이다"(마태복음 5:37, 표준새번역)라고 말하였다. 심지어 계시록에서는 인간이 분명한 태도를 취하지 않으면 신으로부터 토해 냄을 당할 수밖에 없다고 표현되어 있다. "네가 이렇게 미지근하여, 뜨겁지도 않고 차지도 않으니, 나는 너를 내 입에서 뱉어 버리겠다"(요한계시록 3:16, 표준새번역). 이러한 구절들은 신의 생각이 무엇인지를 알 수 있게 해 준다. '나는 너희가 하는 행동을 참을 수 없고, 너희 인간은 더 이상 나에게 속해 있지 않다. 인간성을 보존하며 살아갈 수 있도록 가르쳐 준 중요한 법칙을 너희는 소중하게 생각하지 않는다. 그런 방식으로 살아가는 것을 이제 허용할 수가 없다.'

아이들 역시 이에 동의하고 있는지도 모른다. 신의 사자로 이 세상에 태어난 아이들은, 때묻지 않은 순수함으로 인간에게 진정 필요한 것이 무엇인지를 가르쳐 준다. 즉, 아이들은 인간이라는 존재가 더 높은 차원의 질서 속에서 보호되고 수용된다는 느낌과 확신에 찬 헌신을 필요로 한다는 것을 간접적으로 말하고 있는 것이다. 만일 부모가 그러한 질서를 무시한다면 아이에게 어떤 일이 일어나게 될까? 우리의 상황을 한번 보자. 서점에 가 보면 아이를 잠들게 할 수 있는 방법에 관한 책들이 수도 없이 많이 나와 있지만, 막상 읽어 보면 애매하고 짜증만 돋우는 온갖 '허튼 소리' 들이 난무할 뿐이다. 우리는 이 책의 서두에서도 이러한 혼란에 대해 이미 살펴보았다. 우선 모차르트의

자장가를 틀고, 아이에게 고무 젖꼭지를 물린 후 흔들어 준다. 그런 다음, 고무 젖꼭지와 모차르트의 자장가 없이 침대를 이리저리 흔들어 주고 안아서 등을 토닥여 주고 다시 침대에 눕힌다. 엄마는 아주 다정하게 미소를 지었다가 다음 번에는 화를 벌컥 내고 때로는 슬퍼하면서 절망하기까지 한다. 그야말로 아이를 불안하게 만드는 온갖 감정들이 혼합되어 있는 태도인 것이다. 아이를 재우려는 순간부터, 아니 저녁마다 아이를 재우려고 벌이는 온갖 쇼에서 유일하게 변함없는 것은 바로 이와 같은 엄마의 내적 긴장감이다. 당연히 이 긴장감은 예민한 아이에게 전달된다. 악순환이 아닐 수 없다. 엄마기 긴장할수록 아이는 불안해지고, 또 아이가 불안해질수록 엄마는 그만큼 더 불안을 느끼며 절망에 빠지게 된다. 이제 엄마가 아빠의 손으로 아이를 넘겨주면, 아빠는 더욱 다양한 방법을 취한다. 빽빽 울어 대는 아이에게 고무 젖꼭지를 물린 다음, 모차르트 자장가를 틀어 놓고 침대를 이리저리 밀어 주는가 하면, 침대에서 안아 올린 아이를 여기저기 데리고 다니다가 결국 아이와 춤까지 춘다. 그래도 효과가 없으면 다시금 엄마가 아이를 넘겨받는다. 이제 엄마의 복잡한 감정은 점차 극단으로 향하게 된다. 분노를 넘어 죽이고 싶다는 상상— '베개로 눌러서 이 울음소리를 그치게 할까? 아냐, 오, 하나님! 차라리 아이와 함께 창문에서 뛰어내릴까?' —을 할 뿐 아니라 후회와 비탄에 빠지기도 하며, 때로는 눈물을 흘리면서 다시금 사랑의 감정에 휩싸인다. 그리하여 또다시 몇 번이고 아이의 방과 침실을 왔다 갔다 하고 춤을 추고 노래를 부른다. 더 이상 참을 수 없어지면 차를 몰기도 한다. 이러한 촌극이 벌어지는 형편이니 부모는 결국 아이를 지나치게 자극하게 될 뿐이다. 이 같은 불행한 스토리에서 가장 안타까운 것은 이러한 일들이 어떤 악의도 없이 일어난다는 점이다. 젊은 부모들이 안고 있는 문제점은 아이를 등한시하는 데 있는 것이 아니라 엄청난 열정으로 돌본다는 데 있다. 이들은 자신들의 부모보다 더 세심하게 아이를 돌보고 아껴 주고 싶어하고, 그래서 이들은 실수를 하지나 않을까 더 노심초사하며, 아이가 조금이라도 불만족스러워하면 스스로를 책망한다. 왜냐하면 오늘날에 있어서 실수란 용납되지 않는 까닭이다. 어떠한 것도 성공과 자유를 방해해서는 안 되는 것이다.

갖가지 장애 요소를 사전에 예방하기 위해, 특허까지 받은 처방법들과 수많은 전문가들과 출판물들이 등장했다. 사람들은 언제, 어떻게, 누구에게 이런 방법들을 사용해야 하는지를 반드시 알고 있어야 한다. 그렇지 않은 사람은 바보 취급을 받는다. 실수란 어리석은 것이다. 특히 젊은 부모들은 좌절감을 참아 내지 못하는데, 그것은 이들이 많은 것들을 별다른 노력 없이 얻었고 고통이나 좌절 따위를 참아 낼 만한 기회조차 별로 갖지 못했기 때문이다. 어린 시절에는 불쾌한 일이 있을 때 텔레비전의 채널을 이리저리 돌리면서 해소하였고, 식구들과 불화가 생기면 자신의 방으로 들어가 버리면 그만이었다. 그러나 우는 아이는 텔레비전처럼 꺼 버릴 수도 없다! 요즘은 우는 아이로 인해 이혼까지 가는 경우도 드물지 않다.

《가족과 사회에 있어서 아이로 인해 벌어지는 독일의 리그전》(Deutschen Liga für das Kind in Familie und Gesellschaft)이라

는 잡지 1995년 29호에 슈저(Schuser) 교수가 발표한 내용을 보자.

"니켈(Nickel, 뒤셀도르프)과 롤레트(Rollett, 빈)가 실시한 조사에 따르면, 부부간의 만족도는 첫 아이를 낳고 두 번째 아이를 임신하는 기간 사이에 눈에 띌 정도로 낮아졌다. 이 자료를 증가하는 이혼의 사유로 봐도 될까? 부모로서의 힘든 과제—첫번째 아이 역시 부모에게 힘이 들었을 것이다.—를 앞에 두고 서로 신뢰하며 돕는 것이 아니라, 오히려 둘째 아이가 태어난 후 신뢰를 잃는 경우가 더 많다는 사실이 조사 결과 나타났다."

젊은 부부들의 이혼율이 높은 이유는 서로 일치단결해서 살아가는 방법을 훈련받은 적이 별로 없는 까닭이다. 이들은 불리하더라도 상대에게 양보하는 법이나 참는 법, 돕고 나누는 법, 상대를 배려하는 법을 어릴 때 배우지 못했다. 인간 관계가 위험에 처했을 때 이에 대처하는 법은 물론, 문제를 표현하는 법이나 사랑을 다시 키워서 부부 사이의 관계를 개선하는 법도 배우지 못했던 것이다. 세상의 모든 일들처럼 사랑하는 사람과의 관계도 개인이 경험한 것들에 의해 형성된다. 그런데 오늘날의 부모들은 어린 시절 배우지 못한 것이 너무 많다. 이들 중 많은 사람들이 이혼한 부모로 인해 고통을 겪어야 했고, 성인이 되어 결혼한 후에도 똑같은 전철을 밟고 있는 형편이다. 그 당시에도 서로 헤어지는 것은 비교적 쉬웠다. 그들 각자는 다른 사람과 나눌 수 없는 '자신만의 것'—자신의 텔레비전, 자신의 자동차, 자신의 의료보험—을 갖고 있었기 때문이다. 좀 더 잘살게 되었는데도 인간 관계는 순조롭지 않았다. 오히려 사람들은 더욱 독립적 성향을 갖게 되었고, 흔히 외롭기까지 하다. "힘들 때라야 친구를 사귀게 된다"라는 속담의 의미는 전 세계 어느 민족이라도 이해할 수 있는 내용일 것이다. 특히 물질적으로 위기에 빠지면 사람들은 이를 함께 극복할 수 있는 도움의 손길을 원하게 된다. 쾰른이나 함부르크에서 홍수가 나면 매시간 도움의 손길이 늘어나는 것을 우리는 쉽게 볼 수 있다. 이런 위기에 처하게 되면 높은 담을 쌓고 인사조차 한 번 나누지 않았던 이웃 사람들과 서로 가까워진다. 그러나 유감스럽게도 정신적인 위기가 발생할 때는 이 같은 효과를 기대할 수 없다. 그 영향이 마음속 깊숙이 닿지 않는 것이다. 생텍쥐페리가 『어린 왕자』(Der kleine Prinz)에서 말하고 있듯이, 다른 사람이 어떤 심정인지 느낄 수 있는 소위 감정의 이입이 있은 다음에야 비로소 '마음의 눈'으로 보게 되는 까닭이다. 하지만 우리 부모님의 부모 세대들은 모든 것을 자신의 힘으로 이뤄 냈으며, 이미 물질적인 복지에 현혹되어 있었다. 이들은 다른 사람들의 도움을 받을 필요가 없다는 사실, 그리고 재정적인 궁핍으로 고통스러워할 필요가 없다는 사실에 자부심마저 느꼈다. 이 같은 자부심으로부터 과욕이 생겨났고, 이기주의는 그 끝이 어딘지 알 수 없을 정도로 사회 전반에 만연하게 되었다.

따라서 사회학자와 정치가들은 점차로 이런 질문에 주의를 기울이게 되었다. 가족에는 과연 미래가 있는 것일까? 오늘날의 젊은 부모들이 초래한 결과는 아니지만, 이제 사람들은 서로 건설적인 관계를 맺는 데 어려움을 느끼게 되었고, 결혼을 할 때 그러한 무능함도 함께 가져왔다. "나가, 나가라고! 사라져 버려! 나는 당신 없이도 잘 살 수 있어. 당신은 나한테 짐일 뿐이야! 짐 싸서 당장 나가!" 나는 젊은 부부들이 이렇게 소리 지르는 것을 자주 듣는다. 나는 그들에게 이런 질문을 던져 보곤 한다. "당신은 그런 말을 이전에 들어 본 적이 없나요? 어디에서 들어 본 듯한 말 아닌가요? 그런 말을 항상 하는 사람은 도대체 누구였죠?" 그러면 많은 젊은 엄마들은 짐을 풀다가 이렇게 대답한다. "우리 엄마가 그랬어요!"

이럴 즈음에 이르면 다음과 같은 질문이 나오게 된다. 즉, 젊은 엄마들은 과연 자신들의 감정이나 애정에 대한 각오, 본능을 어느 정도 신뢰할 수 있을까? 물론 이에 어려움을 느끼지 않는 많은 사람들이 있을 것이다. 모든 사람들이 사막을 걸어갈 필요도 없고, 모든 사람이 오아시스를 발견하지 못하는 불행을 겪는 것도 아니다. 하지만 다른 한편으로 많은 사람들이 실수를 저지른다. 자신의 감각이라고 믿는 것은 어쩌면 환상일 수도 있고, 자신의 축적된 욕구일 수도 있다.

한 엄마가 쓴 다음의 편지를 읽어 보면 그러한 점을 잘 이해하게 된다. "저는 엄마가 되는 것이야말로 제가 할 수 있는 경험 가운데 가장 아름다운 경험일 것이라고 생각했어요. 그래서 임신을 했을 때 이루 말할 수 없이 행복했답니다. 이 아름다움과 행복이 영원히 계속되리라 생각했죠. 저는 출산이 아름답고 부드럽고 조화로운 것이라 상상을 했던 거죠. 저는 이에 관해 책도 읽고 영화도 봤습니다. 하지만 산통이 시작되자 마치 뒤쪽에서 누가 공격이라도 하는 것 같았습니다. 너무나 고통스러웠어요. 산파 역시 마사지를 해 주거나 호흡을 도와주는 요정은 아니었던 거죠. 제가 속은 것은 그뿐 아니었습니다. 저는 젖을 먹으면서 부드럽고도 감사하는 마음으로 나를 올려다보는 갓난아이와 행복한 순간을 가질 것이라고 상상했었지요. 그런데 아이는 밤새도록 내 젖을 빠는 겁니다. 거의 30분마다 한 번씩 젖을 달라고 하는데, 정작 주려고 하면 먹지를 않아요. 그냥 장난만 치고요. 하지만 이 폭군 같은 녀석은 그렇게 해 주지 않으면 절대로 잠을 안 자거든요. 가끔씩은 마치 강간을 당하는 것 같은 기분도 들어요. 그리고 한 순간 제가 제 아이를 미워하고 있다는 사실을 깨닫고 나면 미칠 듯이 괴로워져요." 젊은 엄마들은 엄마가 되어 얻는 행복과는 별개로, 출산이 고통스러운 것이라는 사실과 아이에게 잠자고 믹는 습관을 길러 줘야 한다는 사실을 잘 모르고 있다. 그러니 아름답고 알록달록한 풍선이 터지는 것처럼 환상이 깨져 버리는 것이다. 그러면 처음에 품었던 사랑의 감정은 애증이 섞인 복잡한 느낌으로 변한다.

아빠들 역시 어려운 시기를 겪게 된다. 가령 이런 경우도 있다. 한 젊은 아빠는 자식을 진정한 행복으로 생각하고 있었다. 그래서 몇 달 전부터 아내와 번갈아 가면서 밤마다 아이를 돌봤다. 그는 아이를 자신의 침대에 데려가서 가슴에 꼭 안고 흔들어 주었다. 그렇게 해도 아이가 계속 울자 그는 아이를 포대기에 감싸 안고 나선형 계단을 몇 번씩 오르내렸다. 마치 지치지 않을 것처럼 아이를 위해 희생했던 것이다. 하지만 얼마 후 그가 너무 지쳐서 계단에 주저앉자 아이는 목청이 찢어져라 울어 댔다. 이 아빠는 나에게 이렇게 말했다. "그랬어요, 마치 위험에 빠진 아이를 물끄러미 쳐다보기만 하는 것 같았습니다. 선생님, 어떻게 해야 합니까? 내 아들 토마스가 안심하고 잘 수 있는 길이 없을까요? 그냥 안고 있는 것만으로는 부족한 것 같습니다."

　나중에 드러난 바에 의하면, 이 아빠는 아내가 아이 돌보는 문제에 관한 책을 읽거나 상담소에 찾아가는 것을 방해하지는 않았으나, 그 자신은 그러한 노력들을 단념하고 있었다. "저는 다만 제 느낌에 충실하려고 했습니다. 아이를 혼자 내버려 둬서는 안 된다는 게 제 느낌이었죠. 그게 좋지 않나요? 아이는 저랑 같이 있을 권리가 있습니다. 저는 우리 아이의 하나밖에 없는 아빠니까요." 우리가 함께 이 젊은 아빠의 어린 시절에 대해 이야기하는 동안, 그가 그렇게 행동했던 이유가 서서히 드러났다. 그는 어린 시절 혼자 있는 것을 몹시 두려워하면서 자랐는데, 지금껏 그 두려움이 남아 있었던 것이다. 그는 사생아여서 아빠 없이 자랐고, 엄마는 아이를 혼자 키우면서 직장에도 다녀야 했다. 여러 명의 보모들이 그를 돌보았고 열 살 때에는 기숙 학교에 들어갔다. 그가 간직하고 있는 가장 끔찍한 기억은 벌을 받는 것이었다. 엄마는, 만일 그가 나쁜 짓을 하면 기숙사에 들르지도 않을 것이며 데리러 오지도 않을 것이라며 으름장을 놓곤 했다. 고독이야말로 그에게 있어서 가장 무서운 처벌이었다. 그래서 그는 자신이 어른이 되어 아이를 갖게 되면 절대로 그렇게 하지 않으리라 결심했던 것이다. 나는 그가 이 점을 바르게 이해할 수 있도록 얘기를 해 주었다. 아이는 물론 부모의 곁에 있을 권리가 있지만, 잠을 잘 권리도 있다는 내 말에 그는 동감을 했다. 아이는 벌써 두 살이 다 되어 가고 있었고 아빠는 재발한 디스크 질환으로 고통스러워하고 있었기 때문에, 그는 기꺼이 내 충고에 따라 자신의 침대 곁에 해먹을 달아 놓으라는 나의 충고에 따라 행동으로 옮기자 아이는 결국 울지 않고 잠을 잤다. 무엇보다 아이가 아침에 혼자 깨어나 아빠의 얼굴을 보면서 웃는 모습에 그는 이루 말할 수 없이 행복감을 느꼈다고 한다.

사람은 항상 자신의 본능에만 의지할 수는 없다. 많은 연구를 통해 밝혀진 것처럼, 본능은 자연적인 다른 조건들과 함께 작용할 때 강력한 효과를 발생하지만, 그렇지 않을 때는 점차 소멸해 버린다고 한다. 동물의 세계를 예로 들어 보면 분명하게 알 수 있다. 만일 사람이 우유를 먹여 송아지를 키운다면, 이 송아지는 암소가 되었을 때 젖을 줘야 힌다는 것을 알지 못한다. 여러 동물들의 수유를 연구한 결과, 사람과 비슷한 경우는 찾아볼 수 없었다. 즉, 사람의 경우는 아이를 돌볼 때 본능이 아닌 이성이 개입하게 되는 것이다. 따라서 20세기 중반까지 모유를 주지 말라고 권유했던 사회 분위기를, 우리는 본능의 상실로 해석할 수 있을 것이다. 아이가 편안하게 잠을 자기 위해 필요한 본능적인 조건들—포대기, 리듬, 안전한 장소와 자신감 있는 엄마—이 오늘날 어느 정도 충족되고 있는지를 살펴보면, 본능적인 행동이 얼마나 확신 없이 이루어지는지 분명하게 알 수 있다.

• 현대인들은 포대기를 매우 느슨하게 감아 준다. 자유를 외치던 무리는 아이를 꽁꽁 싸 두는 습관을 버렸다. "아이는 자유롭게 움직일 자유가 있다. 그러므로 이를 방해해서는 안 된다. 아이는 마음대로 발버둥쳐야 한다."라고 주장했던 것이다. 그리고 오늘날까지도 이 같은 주장이 옳다고 믿는 부모들이 많다. 나는 여기

에서 '믿는'이라는 말을 강조하고 싶은데, 아이들이 "마음대로 발버둥쳐야 한다"는 주장에는 학문적인 근거가 전혀 없기 때문이다.

• 리듬은 아이에게 어떤 식으로든 계속 제공되고 있지만, 엄마 또는 요람을 통해 믿을 수 있게 변함없이 반복되는 것이 아니라 아이 자신을 통해 우회적으로 만들어진다. 아이들은 자신에게 리듬을 원하는 절실한 욕구가 있음을 느낀다. 아이들마다 차이가 있다면, 어떤 아이는 더 많이 원하고 또 어떤 아이는 조금 적게 원할 뿐이다. 아이들은 고무 젖꼭지를 빨면서, 엄마의 젖을 먹거나 우유를 마시면서, 팔에 안겨 엄마의 머리카락을 손가락으로 돌돌 감으면서 리듬을 느끼게 된다. 부모가 안고 계단을 오르락내리락할 때나 자동차를 운전할 때도 마찬가지이다. 여기에서 무서운 점은 아이가 리듬의 자극이 시작되기를 원할 뿐 아니라 이것이 그치지 않기를 고집한다는 것인데, 바로 이 때문에 아이는 결코 안정을 찾지 못한다. 아빠가 계단을 오르다가 힘이 들어 그만두면, 아이는 이를 알아차리고 또다시 계속하기를 조르게 된다. 왜냐 하면, 이미 앞에서 지적했듯이 아이는 잠을 잘 때와 동일한 환경에서 깨어나기를 원하기 때문이다. 그러니 잠을 자려고 할 때의 그 환경이 계속 되리라는 확신이 서지 않으면 아이는 잠을 못 이루게 된다.

• 사실 오늘날에는 안전한 장소가 없다고 해도 과언이 아니다. 절망에 빠진 부모는 가능하면 아이를 빨리 진정시키려고 이곳 저

곳 장소를 옮기기 때문이다. 잠을 자지 않는 아이를 가진 부모들로부터 가장 흔히 듣는 말은 "우리는 모든 것을 다 해 봤어요!"라는 것인데, 사실 이 말은 여러 장소를 시험해 보았다는 뜻이다. 항상 이사를 한다고 생각해 보라! 침대에서 엄마의 팔로, 엄마의 팔에서 다시 부모의 침대로 이동하고, 한번은 젖이 물려지고, 다음 번에는 그냥 안기고, 아빠의 팔에 안겨 집 전체를 돌아다니고, 침실에서 대문까지 걷고, 계단을 통과하고, 거실을 뱅뱅 돌고, 다시 아이 침대로 갔다가, 또다시 엄마의 팔에 안기고, 포대기에 들어갔다가, 자동차 안에끼지,…. 아이는 이렇게 장소가 바뀔 때마다 울음을 통해 무의식적으로 이에 대한 반응을 보인다. 울음소리가 격렬할수록 그만큼 장소가 자주 변경되었다는 뜻이다. 아이에게 변화를 많이 제공할수록 아이는 그만큼 더 목청이 터져라 울어 댄다. 아이는 장소가 바뀔 때마다 이번에는 자신이 원하는 리듬이 생겨나기를 더욱 간절하게 원한다. 걷기, 흔들어주기, 이리저리 왔다 갔다 하기, 계단 오르내리기, 춤추기, 그네 태워 주기, 드라이브하기 등의 이 모든 것들은 사실 아이가 원하는 리듬을 찾는 과정이라 할 수 있다. 하지만 아이가 어떤 곳에서 자신이 원하는 리듬을 찾게 되어 그런 상태로 좀 더 있게 해 달라고 신호하기 위해 더 큰 소리로 울면, 엄마는 그 울음소리를 참지 못해 다시 새로운 행동을 취한다. 이러한 일련의 행동들은 집시들의 이동과도 비교해 볼 만하다. 하지만 이런 비교는 적절하지 못한 점도 있다. 이동하는 동안 집시의 아이들은 정말 아무런 문제가 없다. 이들도 이곳 저곳으로 옮겨다니지만, 엄마나 다른 식구들이 항상 함께 있기 때문이다. 또한 집시들은 아이에게 안정감을 주고 분명한 태도로 돌보기 때문에, 아이들은 이처럼 지속적인 상황을 감지하면서 자신들이 잘 보살펴지고 있다고 느낀다.

• 오늘날의 엄마에게서는 물론 아빠에게서도 안전감이나 자기 확신 따위는 찾아볼 수 없다. 내가 알기로는, 젊은 부모들이 이렇게 스스로에 대하여 불신하는 경우는 예전에 없었던 것 같다.

그러니 유감스럽지만, 현대 복지 국가의 아이들은 평온하게 잠드는

데 있어서 최악의 조건에 처해 있다.

성인들은 말로써 자신들의 상태를 전달하지만, 아이의 상태는 그들의 불안이나 절망적이고 분노에 찬 울음소리로만 판단할 수 있다. 이런 아이들의 상태가 얼마나 심각한지 설명하기 위해, 밤에 벌어지는 일들을 그들의 입장에서 한번 정리해 보려고 한다. 예를 들어 10개월 된 갓난아이가 어떻게 감지하고 생각하는지, 자신과 세계를 어떻게 상상하고 있는지에 관해 먼저 알아보도록 하자. 갓난아이는 세계가 얼마나 큰지 알지 못할 뿐더러 자신의 주변 환경을 자신과 분리할 수도 없다. 정확하게 밀하자면, 이이는 자신을 이 불가사의한 세계의 중심으로 느끼고 있는 것이다. 만일 아이가 자신의 영향하에 이 세계가 움직인다는 것을 알게 된다면, 아이는 스스로를 막강한 존재로 인식하게 된다. 아이가 상상을 통해 이런 결론을 내리기까지는 그다지 복잡한 행동 양식이 필요하지 않다. 오히려 단순하고 반복적인 행동을 통해서 그런 느낌을 갖게 되는 것이다. 아이는 특정한 원인이 특정한 효과를 가져온다는 것을 느낀다. 예를 들어, 유모차에 앉아 있는 아이가 어떤 물건을 던지면 할머니가 그때마다 허리를 숙여 그 물건을 줍는다고 하자. 그리고 나서 할머니는 미소를 짓으며 엄지손가락을 흔들고 경고하듯 이렇게 말하는 것이다. "이놈, 이놈!" 그러면 아이는 할머니로부터 이 소리를 듣기 위해 같은 행동을 반복한다. 이런 방식으로 아이는 행동의 결과를 일관성 있게 기억하게 된다.

만일 아이가 자신을 신처럼 생각한다면, 이를테면 "빛이 생겨라!"라고 명령하여 밤을 낮으로 만들 수 있는 막강한 존재로 인식한다면 아이가 어떻게 행동하게 될지를 한번 질문해 보자. 나는 이에 관해 수많은 사례를 들 수 있다. 아이를 달래는 여러 가지 방법이나 엄마의 인내심 등의 다양한 요소에 따라서 말이다.

네 살이 된 라이문트는 저녁이면 자신의 침대에 누워서 무엇인가가 필요하다거나 어딘가가 아프다고 느낀다. 얼마 전까지만 해도 그는 요람에서 잠을 잘 수 있었다. 엄마의 뱃속에서는 아주 조금밖에 움직일 수 없었으므로 요람이 훨씬 더 좋았다. 그러나 지난 주 라이문트의 부모님은 그가 이제 움직이지 않는 아이 침대를 사용해야 한다고 결정하였다. 쑥쑥 자라는 사내아이에게 요람은 너무 작기 때문에 적당한 침대를 구하는 것이 좋다는 할머니의 의견에 동의했던 것이다. 하지만 이 침대는 아이에게 너무 크게 느껴졌다. 무엇보다 끔찍한 일은 침대가 흔들거리지 않는다는 것이었다. 더욱이 조용한 정적은 익숙하지 않았고 공포감마저 유발했다. 점차 불안해진 라이문트는 믿음이 가는 보금자리를 필요로 했던 것이었는지도 모른다. 그래서 그는 울음으로 자신의 요구를 알리려고 했다. 그는 정말 원래의 보금자리가 그리웠고, 입 안이 아프니까 엄마도 그리웠다. 하지만 입뿐만이 아니다! 머리도 아팠고, 처음으로 치아가 생기면서 몸 전체가 고통에 떨고 있었다. 그래서 라이문트는 큰 소리로 울어 댄다. 이때 바로 라이문트는 부모님이 계신 방에서 불빛이 새어 나오는 것을 본다. —한번 상상해 보라. 라이문트에게는 우주처럼 보이는 공간의 저 멀리에서 행성 하나가 빛을 발하고 있다. —이 작은 빛이 어두운 우주에서 점점 환하게 빛난다. 그러더니 엄마가 밝은 색의 은하수를 지나 마치 우주선처럼 라이문트의 침대로 살금살금 걸어오는 게 아닌가! 그녀의 형체는 점점 커지고, 마침내 라이문트의 침대 가장자리에 살포시 착륙을 한다. 그녀는 정말 살금살금 걸어온다. 왜냐 하면 라이문트가 그녀를 알아봐서는 안 되기 때문이다. 그녀는 어머니가 주의시킨 말들을 잊을 수가 없다. "밤에 아이를 안아서는 절대 안 된다. 그렇지 않으면 넌 그때부터 아이를 뗄 수가 없어!" 그녀는 지금까지도 그 말을 잘 지키고 있다. 왜냐 하면 그녀는 어머니가 옳다는 사실을 알고 있는 까닭이다. 그녀는 소아과 병원의 대기실에서 기다리고 있을 때, 아이들이 밤에 잠을 자지 않는다고 고통을 호소하는 젊은 엄마들의 얘기를 들을 수 있었다. 또한 어느 잡지에서 아이들이 밤에 잠을 자지 않아 벌어지는 끔찍한 이야기들도 읽었다. 그러므로 그녀는 아이가 눈치 채지 못하게 침대에서 조금 떨어져 있는 상태로 라이문트에게 무슨 일이 있는지 살펴본다. 냄새도 나지 않고, 열이 있는 것도 아니다. 어디가 아픈가? 그녀가 침대를 흔들자 아이는 더 큰 소리로 울어 댄다. 아이는 느낀 것이다. 맞아, 바로 그거야, 나한테 필요한 것이! 그리고는 울음소리로 계속 그렇게 해 달라고 알린다. 나에게 필요한 것은 바로 그거예요, 엄마! 계속 흔들어 줘요! 하지만 엄마는 아이가 왜 우는지 알지 못하기에 어디가 아픈지 계속 탐색한다. 목이 마른 걸까? 지금 젖을 물리면 앞으로도 계속 그러길 원할 테니까 안 돼. 그리고 그녀는 몸을 숨긴 채, 끓인 차가 들어 있는 우유병을 아이에게 살짝 물려 주어야겠다고 생각한다. 그리하여 그녀는 부엌으로 가고, 우주의 마지막 행성인

이곳에 빛이 다시 비친다. 엄마가 다시 돌아와 아이의 입에 우유병을 물리지만, 빽빽 우는 아이는 그것을 전혀 먹으려 들지 않는다. 결국 차는 침과 함께 밖으로 흘러나오는 것이다. 아무리 싫다고 해도 엄마가 막무가내로 젖병을 물려 주는 바람에 라이문트는 성가신 기분과 실망감까지 느끼게 된다. 그가 원하는 것은 젖병이 아니라 엄마다. 하지만 그녀는 너무 먼 곳에 있을 뿐이다. 엄마와 자신 사이를 가로막고 있는 젖병은 일종의 위협으로까지 느껴진다. 울음소리가 가슴을 찢을 듯 점점 애절해지자 그림자처럼 숨어 있던 엄마가 불쑥 튀어나오더니 모든 경고를 무시하고 라이문트를 꼭 껴안아 준다. 순간 아이는 울음을 그치고, 엄마는 젖을 물린다. 하지만 이 순간은 정말 짧다. 두세 번 젖을 빨던 라이문트는 다시 울기 시작한다. 어쩌면 트림을 못 해서 그런지도 모른다고 엄마는 생각한다. 이런 생각이 들자 그녀는 아이를 어깨 위로 안아 올려 등을 몇 번 토닥거려 주고, 흔들흔들하며 방안을 조금 돌아다니다가 거실로 나가서 빙빙 돌아보기도 한다. 이러는 사이 시간은 끝없이 흐른다. 엄마가 이렇게 행동하는 동안 아이는 새로운 장면들을 목격한다. 창문 근처로 가면 길거리에 서 있는 가로등을 보게 되고, 엄마가 방향을 바꾸면 세척기에 켜져 있는 빨간 불빛을 보게 된다. 거기서부터 몇 발자국 떨어진 곳에서는 컴퓨터에서 나오는 녹색 빛도 보인다. 게다가 아이는 여러 가지 냄새들을 맡게 된다. 부엌 근처에서는 아직도 피자 냄새가 나고, 목욕탕에서도 냄새가 난다. 또 엄마는 아이의 귀에 아름답고도 평온한 말을 속삭이며 노래까지 불러 주는 게 아닌가! 그런 뒤 잠시 조용히 있던 그녀는 갑자기 큰 소리로 이렇게 묻는다. "이 녀석, 너 언제까지 이럴 거야?" 물론 라이문트는 대답을 할 수 없다. 그렇듯 온갖 새로운 것들에 의해 자극을 받았으니 어떻게 마음이 쉽게 안정되겠는가. 새로운 것들을 보고 나니 그는 정신이 더욱 맑아졌을 뿐이다. 기대하지 않았던 이 모든 것들이 라이문트에게는 마치 무대에서 펼쳐지는 쇼와 같다. 조명, 가수들, 노래, 원을 그리며 춤추는 여자 무용수들, 공중제비를 하는 곡예사들, 샴페인 병을 들고 왔다 갔다 하는 웨이터들…. 이러는 가운데 유일하게 변하지 않는 것은 엄마의 어깨 위에서 느껴지는 리듬이다. 마침내 아이는 이 리듬으로 안정을 찾는다. 그리고 엄마의 뱃속에서 느끼던 리듬이 생각나자 마음이 평온해진다. 아이는 감미롭게 눈을 감고, 이가 생기고 있다는 것도 잊은 채 낙원으로 다시 돌아가는 상상에 잠긴다. 엄마는 아이가 마침내 잠이 들었다고 생각하며, 깨지 않도록 조심스럽게 침대에 눕힌다. 그런 다음 발뒤꿈치를 들고 아주 살금살금 어두운 우주로 다시 사라지는 것이다. 하지만 착각이었다. 라이문트는 아직 자고 있지 않았다. 고요 속에서 그는 이 신기한 일들을 즐기고 있는 중이었다. 그는 이미 원인과 결과의 오묘한 관계를 몇 가지 이해하게 되었다. 울면 우주에서 빛이 나왔고, 엄마가 은하수를 통과해서 날아 왔으며, 다양한 볼거리가 제공되는 쇼가 펼쳐졌다. 하지만 무엇보다 잊을 수 없는 경험은 엄마의 어깨 위에서 흔들거리던 그 느낌이었다. 할머니가 진부하게 "이놈, 이놈!" 하는 말보다 훨씬 재미있었다. 라이문트는 호기심이 많은 아이다. 그는 새로운 경험을 쌓고 싶어하고 자신의 힘이 어느 정도인지 확인하고 싶어한다. 그리하여 이 녀석은 큰 소리로 울어서 재차 똑같은 사건들이 일어나는지를 보려 한다. 그런데 정말 효과 만점이다. 울자마자 멀리 떨어진 행성에서 빛이 나더니, 그곳에서 엄마가 살금살금 다가와 점점 커지고 다시 끝없는 쇼가 펼쳐지는 게 아닌가….

결과는 어떻게 될까? 반복되는 경험을 통해 아이는 깨어 있는 상태에서 똑같이 행동하더라도 동일한 결과가 나온다는 확신을 갖게 된다. 울기만 하면, 불안한 엄마와 그에 못지않게 불안한 아빠가 자신이 기대했던 대로 행동하는 것이다. 결국 아이는 마법과 같은 우주에서 자신이 가장 막강하다고 느낀다. 그런데 미성숙하고 보호될 필요가 있는 아이에게 있어서 자신이 가장 위대하다고 느끼는 이 인식은 잘못하면 아주 나쁜 결과를 가져온다. 다시 말해, 아이는 자신이 부모보다 더 강하기 때문에 부모를 마음대로 조종할 수 있다고 생각하게 된다. 부모가 약한 존재라는 인식이야말로 최대의 불행이 아닐 수 없다. 안전과 보호되는 느낌에 대한 기본적인 욕구를 채우고 싶어하는 아이로서는, 약자에게 기대할 수 있는 것이 없기 때문이다. 그래서 아이는 항상 배후 조종자의 역할을 맡으려 한다.

아이는 자신의 '관리 프로그램'을 통해서 주변 환경을 조종해야 하므로 보호된 느낌이라고는 전혀 가질 수 없다. 이렇듯 스스로 안전을 획득하려고 하다 보니 아이는 늘 주변 환경을 자신에게 적응시키느라 신경을 곤두세우게 되고, 결국 이로 인해 마음의 휴식을 얻지 못한다. 아이는 늘 정신을 바짝 차리고 어떻게 불이 켜지게 할 것인지, 어떻게 엄마가 오도록 할 것인지, 어떻게 자신을 안아 주어야 하며, 어떤 속도

로 그리고 얼마나 오랫동안 자신을 흔들어 주어야 하는지를 감시해야
한다. 또한, 엄마가 젖을 주도록 할 것인지 아니면 우유병을 주도록 할
것인지도 감시해야 하는 것이다. 주변 환경을 지배하는 것을 통해 안
전하다는 느낌을 얻을 수밖에 없는 이런 아이들은 언제나 강박관념에
시달리게 된다. 이런 상태가 심각해지면 아이는 중독될 수도 있다. 또
한 아이는 끊임없이 스트레스를 받게 된다. 순진한 갓난아이가 이런
방식으로 폭군이 되는 것이다.

　부모에 대한 사랑이 발달하기 전까지, 아이의 사랑은 모순에 빠져
있다. 그것은 사랑과 증오가 얽힌 감정을 만들어 낸다. 이러한 감정은
아이에게서 볼 수 있는 것이지만, 부모에게서도 나타난다. 부모는 사
랑에 있어서 실패를 경험한다. 그들은 환멸을 느끼고 부모의 역할을
제대로 하지 못하고 있다는 좌절감에 빠지며, 남편과 아내로서 서로
에게 실망하게 된다. 그리고 "아이가 우리 결혼을 망쳤어!"라는 말을
반복해서 하게 된다. 마치 결혼의 의미가 부부에게만 있다는 듯이! 이
런 사고 방식은 얼마나 왜곡된 것인지 모른다. 아이들이 부부 생활의
축복이 되어야 할 시점에, 아이 때문에 부부 사이가 오히려 형편없이
망가졌다고 말하는 것이다. 형용할 수 없는 커다란 기대로 아이를 기
다려 왔고, 아이가 훌륭하게 성장할 수 있도록 모든 것을 주려고 했던
부모는 사랑의 관계가 요원해지는 것이 고통스럽기만 하다. 그들이
원했던 자유는 카드로 쌓은 집처럼 무너져 내렸다. 이런 상황에서는
아이도 부모도 자유롭지 못한 것이다. 아이는 주변의 여러 가지 조건
들에 종속되어 있으므로 자유로울 수 없고, 부모는 감금된 듯한 무기

력감을 느끼게 된다.

이제, 아이들이 어떤 시대에 잠을 잘 잤었는지에 대해 어렵지 않게 답할 수 있을 것이다. 그러나 역사의 바퀴는 뒤로 돌릴 수 없다. 지구가 지금과 반대 방향으로 태양을 돌 수 없듯이 우리는 앞을 바라봐야 한다.

만일 내가 두 가지의 고통 가운데 한 가지를 선택해야 한다면, 즉 20세기 초반 기술 만능 시대의 엄격한 방법—따뜻한 보금자리는 없었지만, 확신을 가진 엄마는 있었다.—이냐, 아니면 오늘날의 현대적인 방법—안전은 물론 보호되는 느낌도 주지 않는다.—이냐 중에서 한 가지를 골라야 한다면, 나는 기꺼이 첫번째를 선택하겠다. 이것이 안전하기 때문이다. 물론 이 방법으로 돌아가자는 것은 아니다. 다만, 우리는 현재와 미래에 아이를 돌보면서 발생할 문제를 해결하기 위해 과거를 고려하는 것인데, 이는 시대를 넘어 중요한 의미가 있다. 이에 관해 나는 몇 가지 충고를 하고자 한다.

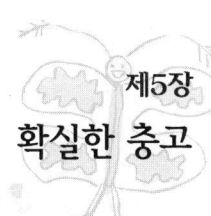

제5장
확실한 충고

나는 독자들이 '확실한' 충고라는 말을 오만 불손하다고 생각하지 않기를 바란다. 나는 다만 옛날부터 지금까지 작용하고 있는 창조의 법칙과 나의 충고에 따라 좋은 결과를 얻었던 수많은 예로부터 그 주장의 정당성을 이끌어 낼 뿐이다.

물론 이러한 충고가 다른 가능성을 무조건 배제하는 것은 아니다. 다른 부모들이 훨씬 힘들어한다는 사실을 알기 위해 이 책을 읽는 부모들은 어쩌면 이렇게 말할지도 모른다. "그 참, 우리는 다른 식으로 하는데 우리 애는 잘도 잔단 말이야." 물론 반가운 말이다. 그런 분들은 앞으로도 계속 그 방법을 따르면 될 것이다. 나는 로마로 가는 모든 길을 서술할 의도는 없다. 단지 확실한 방법 몇 가지를 소개하고 싶을 뿐이다.

자신감은 어떻게 얻을까?

아이를 어떻게 키우든 그 방법은 별로 문제되지 않는다. 중요한 것은 그 방법을 행동으로 옮기는 사람이 자신감을 가지고 있는가 하는 점이다. 아이는 확실한 것을 믿으며, 또한 부모가 확신에 차 있으면 아이에게도 그것이 전달되는 까닭이다. 나는 아이를 돌보는 실습생들로부터 희한한 얘기들을 많이 들었는데, 예를 들면 이런 것들이다. "환자들이 이용하는 커다란 체육관에서 아이를 안고 조금 굴렸더니 금방 잠이 들었어요. 그래서 침대에 데려가 눕혔죠." 또 어떤 아빠는 이런 말도 했다. "저는 웃옷을 벗고 아이를 배 위에 눕혔어요. 그랬더니 정말 편안해하는 것 같더군요. 저도 그리 불편하지 않았고요. 어차피 저도 누워서 자니까, 뭐." 물론 이 아빠는 다른 방식으로 아이를 자도록 유인할 필요가 없었다. 특정 상태에서 아이가 잘 잔다면 그 상태를 오랫동안 유지해 보기를 바란다.

당신 자신을 믿어라. 그리고 당신이 또한 배우자를 믿을 수 있다면, 그것을 기쁘게 생각하며 누리도록 하라. 부모는 다른 누군가를 믿어야만 한다는 생각을 버리고, 각자의 내면에서 자기 확신을 발견해야 한다. 이 부분에서 '믿어야 한다'와 '믿을 수 있다'라는 개념의 미세한 차이에 여러분들이 주의를 기울여 주기 바란다. 부부가 서로 믿을 수 있고, 아이를 돌보는 일도 분담하여 아빠도 기저귀를 갈고 목욕을 시키고 잠도 재운다면 더 이상 좋을 게 없다. 그러나 아이를 돌보는 일에 부모 중 한 사람이 불안하고 자신감이 없어서 다른 쪽이 도와줘야 한다는 것을 아이가 느끼게 해서는 안 된다. 만일 엄마가 남편에게 아이를 제발 좀 진정시켜 달라고 사정한다면, 그녀는 자신의 아이를 강한 아빠 없이는 아무것도 할 수 없는 존재로 만드는 것이다. 이때 아빠가 마치 기사처럼 출현하여 아내의 짐을 덜어 준다면, 그는 이를 통해 아내가 약하다는 것을 인정하는 셈이다. 아내에게야 좋은 일을 했을지 모르지만, 아이에게는 전혀 좋은 것이 아니다. 어린아이 같은 엄마는 아이를 돌보지 못한다. 그러면 아이는 엄마로부터 등을 돌리고, 격렬하게 우는 방식으로 그녀와 투쟁을 벌인다. 이러한 아이는 나이가 좀 더 들게 되면 엄마를 때리기도 한다!

이 책 서두의 '침실에서 벌어지는 드라마'를 보면, 엄마가 아이를 감당하지 못해 아빠에게 아이를 넘기는 내용이 나온다. 그런 뒤 엄마는 죄책감과 후회로 다시 아이를 넘겨받는데, 이런 경우 아이의 스트레스는 최고에 달한다. 이 순간 엄마는 아이에게 참을 수 없는 존재로 비춰진다. 그럼에도 불구하고 아이가 그녀를 엄마로 받아들일 준비를 하는 순간이 있는데, 그것은 분명하게 알 수 있도록 엄마가 화를 낼 때이다. 하지만 이것도 잠시뿐이다. 이 점을 한번 생각해 보라. 보호에 대한 욕구를 가진 아이는 부드럽고 끈적거리는 불안감보다 엄격하면서도 구체적인 안전을 더 선호한다는 것 말이다. 이러한 흐름을 중단시키는 것에 있어서는 아빠가 훨씬 낫다. 아빠는 최소한 자신의 행동에 확신이 서면, 아이와 춤추는 것을 중지할 수 있기 때문이다.

물론 나는 어린애 같은 아빠들도 많이 알고 있다. 언젠가 한 아빠가 양육권 문제를 의논하기 위해 나를 찾아온 적이 있었다. 유감스럽게도 이혼장은 이미 변호사의 손에 들어가 있는 상태였다. 이 젊은 부부가 좀 더 일찍 치료를 받으러 왔다면 헤어지지 않았을지도 모른다.

"우리 아들 야콥은 이미 세 살이 되었어요. 그런데도 아내는 젖을 먹였습니다. 밤에도 그랬죠. 이 녀석은 엄마의 침대 외에 다른 곳에서는 절대 자려고 하지 않았습니다. 그래서 아내는 신경이 곤두서 있었지요. 늘 젖을 물릴 준비를 해야 했으니까 말입니다. 당시 우리가 부부관계를 가졌을까요? 어떻게 말입니까? 아내는 늘 아이를 데리고 있었으니 어쩔 수가 없었죠. 임신했을 때부터 우리는 서로 관계를 갖지 않았습니다. 우리의 관계가 아이 때문에 힘들어졌다는 것을 알게 된 아내는 아이에게도 그리 정을 느끼지 못했어요. 어느 날 밤이었습니다. 야콥이 아내의 젖을 깨물자 아내는 화가 나서 고함을 버럭 질렀지요. 나는 일어나서 좀 조용히 해 달라고 부탁했습니다. 이기적인 생각 때문이 아니라, 그냥 정말 자고 싶었거든요. 저는 자야만 했어요. 다음 날 회사에서 일을 하려면 말이죠. 제 동료들은 이미 제가 얼마나 지쳐 있는지 눈치를 채고 있었어요. 그런데 제가 그런 부탁을 하자, 아내는 눈물을 흘렸습니다. 그리고는 야콥이 자신의 아이일 뿐 아니라 내 아이이기도 하니, 내가 아이를 달래 주어야 한다고 미친 듯이 소리를 지르더군요. 그런 다음 있는 힘을 다해 야콥을 침대에 던졌어요. 물론 아들 놈은 동네가 떠나갈 듯이 울어 댔죠. 하는 수 없이 저는 아이를 제 이불 속으로 데리고 와서 달래 주려고 했습니다. 그런데 이 녀석은 이불을 덮지 않으려 할 뿐 아니라 내가 안아 주는 것도 싫어했어요. 저는 애를 어떻게든 달래 보기 위해 장난감을 가져왔습니다. 그런데 그것도 싫다는 거였어요. 그래서 아이를 제 무릎에 올려놓고 물어봤습니다. 야콥, 넌 왜 나를 싫어하는 거야? 나는 네 친구인데. 그러자 난데없이 녀석이 내 얼굴을 때렸습니다. 나를 떠밀려고 하다가 말입니다. 하지만 저는 포기하지 않았죠. 아이를 꼭 안고 있자니 눈물이 나더군요. 오, 하나님! 우리가 이렇게까지 해야 합니까? 그때 아내는 아이를 빼앗더니, 마치 어린 소년에게 하듯 저에게 고함을 지르더군요. 저는 겁이 많은 인간이며, 지옥에나 가 버리라고 말이죠.… 예, 이렇게 해서 우리는 갈라서게 된 겁니다. 그날 밤 이후 야콥은 저한테 오려고 하지 않았어요. 한 번씩 나에게 아이를 보여 주려고 데려오면, 녀석은 기겁을 하면서 울어 대기만 하더군요.…"

아이는 어린애 같은 어른을 좋아할 수 없고 성숙한 어른들을 통해서만 보호되고 있다는 느낌을 받는다. 아이들은 이런 어른들만을 본받을 만한 인물로 존경하고 싶어한다. 이 같은 욕구는 절대적으로 필요한 것이기 때문에, 모세의 십계명에도 "네 아버지와 네 어머니를 공경해야 한다"("Du sollst deinen Vater und deine Mutter ehren." 출애굽기 20:12, Luther trans.: 편집자 주)라는 계명이 포함되어 있다. 여기에서 주목할 만한 것은 아버지와 어머니를 구분해서 지칭했다는 점이다. 부모는 아이를 부양하고 교육시키는 데 있어서 항상 서로의 역할을 대신할 수 있어야 하지만, 사랑과 보호에 관련해서는 결코 서로를 대신해서는 안 된다. 예를 들어 부모 중 엄마만 아이를 사랑한다면, 이 아이는 정상적으로 잘 자랄 수 없다. 보호 역시 마찬가지이다. 만일 아이가 아빠로부터 받는 보호의 느낌을 엄마에게서 받을 수 없다면, 아이는 한 쪽 부모가 없는 고아인 셈이다. 위의 두 가지 경우 모두 부부 생활은 이미 반은 파탄된 상태라고 할 수 있다.

자신의 실수를 받아들여라

이런 '드라마' 속의 엄마를 어떻게 도울 수 있을지 그리고 야콥의 아빠를 어떻게 도울 수 있을지 구체적으로 설명하기 전에, 우선 다음과 같은 점을 말해 두고 싶다. 누구도 다른 사람이 자기 확신을 갖게 만들 수는 없다는 것이다. 확신 없는 엄마가 있는 척 행동하더라도 아이는 속지 않는다. 중요한 것은 엄마 자신이 아이를 바르게 키우고 있다고 진정으로 확신을 갖는 것이다. 이는 엄마가 자신의 강점뿐 아니라 약점까지도 인정할 경우에 한해 성공할 수 있다. 엄마는 실수를 하더라도 좋은 엄마이다. 실수란 삶의 한 부분이므로 오히려 그것을 통해 엄마로서 더 나은 역할을 할 수 있다. 모든 새로운 것은 시도와 실수를 통해서 배우게 된다. 실수가 크면 클수록 무엇이 올바른 것인지 더 잘 의식할 수 있다. 그러므로 사람들은 실수와 같은 편이 되어야 한다. 다만 그 실수를 다시 교정하는 것, 이를 위해 자신의 내부에서 힘을 발견하는 것이 중요하다. 혼자 힘으로 할 수 없다면 상담이나 치료를 받는 것도 좋다. 스스로 문제를 해결할 수도 있지만 서로 돕는다면 더 힘을 낼 수 있기 때문이다.

하지만 불필요한 죄책감은 그러한 힘을 약화시킬 수 있다. 때문에 불필요한 죄책감 따위는 가지지 않는 것이 중요하다. 이런 죄책감에

대하여 터놓고 얘기하라! 당신은 양육이나 교육 문제에 관련하여 지난 수십 년 간 논의되어 온 복잡하고도 난해한 이론들에 대해 아무런 책임이 없다. 상호 모순되는 갖가지 조언들에 치어 갈피를 잡을 수 없다면, 이는 당신의 책임이 아니라 무질서한 사고가 난무했던 병든 시대정신의 탓이다. 하지만 이런 무질서조차도 엄청난 장점을 가지고 있다. 무질서 속에서 빠져 나오는 길을 물을 수 있는 힘을 일깨워 주는 까닭이다. 당신은 바로 이 같은 힘을 당신 자신에게서 찾을 수 있다. 자식에 대한 사랑은 이런 힘을 얻을 수 있게 하는 최상의 비료라고 할 수 있다. 원하기만 한다면 당신은 성장하게 될 것이다.

그러나 힘만으로는 충분하지 않다. 전류를 사용하려면 전선이 필요하다. 강물도 잘 파여진 강바닥을 따라 흘러간다면 사람들에게 위험하지 않다. 만일 자신의 감정에 분명한 방향 감각이 없다면 정신적인 질병으로까지 발전할 수 있다. 그러나 당신이 분명한 방향 감각을 갖고 있다면, 당신의 힘은 좋은 방향으로 흘러갈 것이다.

한 사람의 조언자만을 신뢰하라

너무 많은 조언자들로 혼란에 빠지는 것을 막기 위한 좋은 방법이 있다. —사공이 많으면 배가 산으로 가기 때문이다.— 조언자를 단 한 사람만 두도록 하라. 서점에 가서 아이에 관한 책을 구경하더라도, 멋진 제목들에 현혹되지 마라. 하지만 책의 서문을 집중해서 읽기 바란다. 저자의 의도가 당신의 느낌에 상응하는가? 당신은 저자와 동일한 생각인가? 그렇다면 그 책을 사고, 흥미롭다고 해서 이것저것 다른 책들에 손대지 마라. 동시에 두 가지 일을 하지 말라는 뜻이다. 그렇지 않으면 당신은 어떤 것도 누리지 못한다. 당신이 믿는 저자라 해도 어떤 조언은 따르지 않을 수 있다는 점을 감안해야 한다. 실수를 하지 않는 사람은 없기 때문이다. 이는 당신이 임신한 기간 동안에 그리고 출산을 한 뒤 첫 해에 선택한 조산원의 경우에도 해당된다. 하지만 가장 힘든 시기에는 연륜과 경험이 쌓인 이해심 풍부한 전문가와 의논을 하거나 아빠나 엄마들을 위한 대화 그룹에 참여하는 것이 유익하다.

자신 없는 부분에 관한 부담을 나눌 수 있는 조언자나 치료 전문가를 신뢰하라. 그들은 그것을 기다리고 있다. 하지만 아이에게는 당신의 불안감을 나타내서는 안 된다. 내 경험에 의하면, 젊은 부모들은 막다른 골목에 이르렀다는 사실을 솔직하게 고백하기까지 오랜 시간이 걸린다. 그래서 끝이라고 할 수 있는 순간까지 계속되는 고통스러운 몰락을 아이와 함께 겪게 되는 것이다. 문제가 생기기 전에 예방을 하거나, 더 심각해지기 전에 치료 전문가를 찾아가서 상담을 하는 편이 훨씬 낫다. 상담을 받으러 갈 때는 반드시 부부 동반으로 가야 한다는 점도 주의해야 한다. 부모가 사랑과 존경으로 서로를 대한다는 사실을 알게 되면, 아이도 나아질 수 있기 때문이다.

그렇다면 밤마다 아이를 재우기 위해 드라마를 펼치는 엄마들을 어떻게 도울 수 있을까?

'침실의 드라마' 해피 엔드로 끝내기

나는 나를 찾아온 한 엄마에게 앞서 말했던 내용대로 조언해 주었다. 그녀는 나의 조언을 이성적으로는 충분히 이해했지만, 정말 실수를 저질렀다는 것에 대해서는 인정하지 못했다. 어린 시절 엄마와의 관계가 순탄하지 못했던 그녀는 사춘기 때 이미 스스로 다짐한 부분이 있었다. 엄마의 사랑을 독차지했던 오빠보다 그리고 엄마보다 더 나은 사람이 되겠다고 결심했던 것이다. 나는 그녀가 자신의 실수를 용납하게 하기 위해 우선 마음으로나마 엄마와 화해할 수 있도록 도와주었다. 그녀는 엄마에게 실수가 있었음에도 불구하고 엄마로 인정하고 받아들였을 때에야 비로소 자신의 실수도 받아들이게 되었다. 또한 아이의 잠자리 습관을 정해 주기 전에, 그녀가 불안하지 않은 엄마라는 것을 보여 주고, 아이로부터 신뢰와 존경을 얻어 내는 것이 필요했다.

나는 그녀에게 용기를 주며 조언하기를, 어떤 이유에서이든 아이가 울면 우선 안고 흔들어 주면서 달래라고 했다. 어떠한 경우에도 안는 방법을 바꿔서는 안 되며, 앉아 있던 소파에서 멀어지거나 장난감 따위로 아이의 관심을 다른 곳으로 돌려서도 안 된다고 덧붙였다. 아이는 이처럼 꼭 안긴 상태에서 안정되고—이것을 '페스트할텐(Fest-halten) 치료법'이라고 한다.—믿을 수 있는 엄마의 곁에 있다는 것으로 인해 편안하다는 느낌을 가질 수 있어야 한다. 나는 또한 아이가 그녀를 강한 엄마로 인식할 수 있도록 하기 위해, 아이와 시선을 서로 교환하며 이렇게 말해 주라고 조언했다. "내가 네 엄마란다. 그리고 너는 나의 귀여운 아이야. 네가 성장할 때까지 너를 보호해 줄 수 있는 다른 엄마는 없을 거야. 나는 이 세상에서 너의 유일한 엄마이자 가장 훌륭한 엄마이고, 너에게 좋은 것이 무엇인지 너보다 더 잘 알고 있단다. 우리는 계속 같이 있을 거야. 그리고 이 세상에서 변하지 않고 믿을 수 있는 유일한 사람이 바로 엄마라는 점을 네가 알 때까지 이렇게 너를 안고 위로해 줄게. 네가 편안해질 때까지 널 꼭 안고 있을 거야."

상담을 할 때 아이의 아빠도 그곳에 있었는데, 우리가 상담을 시작하기 진 그녀는 자신이 지원을 받고 있다는 느낌을 얻기 위해 남편의 무릎에 앉겠다고 말했다. 어디에선가 그런 사진이나 영화를 본 적이 있다는 것이었다. 그러나 나는 그렇게 하지 않는 것이 좋다고 했다. 모성의 힘은 스스로에게서 발견해야 하며, 남편으로부터 얻어서는 안 되기 때문이었다. 스스로 당당하게 맞서야 한다. 얼마 후 그녀는 남편이 얼마나 자신을 응원하고 있으며, 사랑과 신뢰로 바라보고 있는지를 느낄 수 있었다. 상담은 한 시간 정도 계속되었다. 엄마가 확신을 가지면 가질수록 아이도 더 만족감을 느꼈다. 만족하는 정도가 아니라 아예 잠이 들었다. 아이의 부모는 기뻐서 어쩔 줄 몰라했다.

아이를 안고 있는 아내를 꼭 끌어안은 아빠는 마치 이 세상 전체를 품은 듯 행복으로 넘쳤다. 그래서 나는 그에게 다음 번 상담 때는 직접 아이를 안아 보도록 조언했다. 이렇게 하면 아이는 아빠를 더욱 가깝게 느낄 수 있다고 말이다.

물론 내가 상담을 한 목적은 이런 것이 아니었다. 원래는 잠을 어떻게 재울 것인가에 관해서 얘기할 예정이었다. 아이가 엄마의 품에 안긴 채 나의 상담실에서 잠을 자기를 원하는 부모는 아무도 없을 것이다. 그러니까 모두가 만족할 수 있는 장소를 선택하는 것이 문제였다. 부모는 이제 4개월 된 갓난아이가 자기 방에서 혼자 자는 것을 원하지 않았다. 나 역시 그들의 생각과 같았다. 그렇다면 방법은 흔히들 사용하는 자그마한 침대―좋지 못한 경험을 생각나게 하는―에 재우거나 아니면 해먹에 재우는 것이었다. 요람은 우리 세 사람 모두 반대했다. 왜냐 하면 조금만 있으면 요람은 아이에게 너무 좁을 것 같았고, 또 기어 다니려고 하다가 떨어질 수도 있기 때문이었다.

　나는 기본적으로 아이들이 균형 있는 자극을 강하게 원하고 있다고 보기 때문에―그렇지 않다면 아이는 지속적으로 리듬을 원하지 않을 것이다.―우리는 해먹으로 결정을 보았다. 이날 부모는 이 침대를 구입해서 부부의 침대 곁 엄마가 눕는 쪽에 달아 놓았다. ―해먹을 바르게 바르게 장착하는 방법에 관해서는 이 책 6장의 '안전한 장소'를 참조하기 바란다. ―적어도 밤에 한두 번 정도 젖을 주려면 해먹을 엄마 곁에 두는 것이 실용적이다. 따라서 잠들 때까지 침대에 누워서 젖을 주지 말고, 침대의 가장자리에 앉아서 수유를 하는 것이 좋다. 이렇게 해야 아이가 엄마의 침대에서 잠들지 않는 데 익숙해진다. 이때도 아이가 젖을 문 채 잠들지 않도록 주의해야 한다. 왜냐 하면 아이는 잠이 들었던 동일한 환경에서 다시 깨어나야 하기 때문이다. 그렇지 않으면 목이 마르지 않은데도 다시 젖을 찾을 수 있다. 이것은 심각한 문제이다. 때문에 내가 추천하고 싶은 방법은 수유가 끝난 다음 아이를 살짝 깨워서 트림을 시켜 준 뒤 해먹에 눕히는 것이다.

부부가 이 방법을 실시한 첫날 아이는 잘 적응했다. 전혀 문제가 없었다. 이런 방법을 성공시키기 위해서는 엄마가 확고하게 행동해야 한다. 엄마는 이랬다 저랬다 하지 말고 분명한 태도를 취해야 한다. 아주 침착하고 편안한 느낌으로 아이를 해먹에 눕히고, 그 옆에서 조용히 몇 달 동안 펼쳐 보지 않았던 책을 읽어도 된다. 이 가족은 다음 번 상담 시간에 오지 않았다. 이들은 문제를 해결했기에 더 이상 나를 찾을 필요가 없게 되었다고 연락을 해 왔다. 아빠 역시 아무런 문제 없이 아이에게 안정감을 주었다. 이후로 아이는 평온함을 잃지 않았고, 깨어나면 포옹을 받거나 놀 수 있었다. 그리하여 이 가족은 밤을 두려워하지 않게 되었다. "필요한 것이 있으면 다시 선생님께 연락 드리겠습니다. 진심으로 감사드립니다." 이것은 해피 엔드로 끝난 가족의 이야기이다.

물론 이 가족은 상담소가 아닌 다른 방법을 통해 이 문제를 해결할 수도 있었겠지만, 어쨌거나 단 한 번 나의 도움을 받은 뒤로 문제가 잘 해결되었다는 것은 다행스러운 일이다.

조언으로 충분하지 않으면, 치료가 필요하다

아내로부터 이혼을 당하고 아들 야콥조차 안기지 않으려 했던 아빠의 경우를 생각해 보자. 어떻게 그를 도울 수 있을까? 기본적으로 이것은 신혼 부부를 어떻게 도울 수 있는가의 문제로 볼 수 있다.

이 경우에 있어서는 치료가 반드시 필요하다. 이들은 앞서 얘기한 부부, 즉 한 번의 도움으로 문제가 해결된 부부의 경우보다 치료 기간이 훨씬 길어질 가능성이 많다. 여러 가지 복잡한 문제들을 해결해야 하기 때문이다. 왜 이 젊은 부부는 아들이 태어난 지 2년이 지나도록 부부관계를 갖지 않았을까? 도대체 무슨 문제가 있었던 것일까? 아들이 태어나기 전에는 어땠을까? 어린 아들은 엄마의 침대에서 어떤 역할을 했던 것일까? 무슨 이유로 엄마는 아이한테 매달려 남편을 등한시하게 되었을까? 왜 성인들은 자신의 가치조차 포기해야 하는 일이 생길까? 이런 질문에 대답을 하기 위해서는 얽혀 있는 가족 관계를 심도 있게 분석해야 하고, 그런 심리적 곤경이 삶 깊숙이 파고 들어가 있음을 캐내야 할 것이다. 체계적으로 가족 전체를 치료하거나 대대적인 분석을 통해 심리적 장애를 치료해야 한다.

그러나 이런 사례를 분석하다 보면, 아이의 수면 장애가 항상 가족 내의 불협화음으로 인해 일어난다고 볼 수는 없으며, 흔히 부모나 조부모로부터 면면히 내려오는 심리적 장애 요소들의 결과임을 알 수 있다. 아이가 없는 부부의 경우에는 이런 장애 요소가 드러나지 않고 잠재해 있을 수 있다. 아이의 존재는 유해 물질을 부풀리는 일종의 촉매제 역할을 하는 셈이다.

나는 이 책에서 그처럼 심각한 장애와 그 치료법에 관해서 서술하지는 않겠다. 다만 야콥의 부모의 경우가 이와 같이 반드시 치료를 받아야 하는 사례라는 점을 말하고 싶다. 만일 그들이 적시에 이런 도움을 받았더라면, 각자에게 잠재해 있던 장애를 발견하고 진정한 자아를 찾을 수 있었을지도 모른다. 사실 야콥의 불면은 부부간의 문제를 해결해 줄 좋은 실마리가 될 수 있었지만, 두 사람이 서로 헤어졌기 때문에 그런 기회는 차단되어 버렸다. 그들 각자는 개인적인 문제를 해결하지도 않은 채 짐을 꾸리고 떠나 버렸다. 아마 다른 사람과 다시 결혼하더라도 문제는 다시 재발할 가능성이 높다. 이들이 재혼을 하여 아이를 다시 낳게 될 경우, 이 아이 역시 잠을 자지 않고 폭군처럼 행동해서 가족에게 큰 고통을 안겨 주게 될 것이다.

그런가 하면, 이혼 직전의 위태로운 지경에 이르러 치료를 받기 위해 찾아오는 부부들도 상당히 많다. 나는 야콥의 가족과 비슷한 경우의 가족을 어떻게 치료하는지 독자들에게 소개하고자 한다. 여기서 나는 주로 아이의 수면 장애 치료에 관해 자세히 다루고, 그 이전의 치료 과정은 간략하게 언급하고자 한다. 부모들은 각자 자신의 인생을 돌이켜 보며 자신감이 부족했던 원인을 발견하고 이를 회복할 수 있는 방법을 찾은 다음 남자와 여자로서 대면했다. 이들은 서로 마주 보고 앉아서 상대에게 바라는 것, 부족한 것, 필요한 것과 주고 싶은 것에 관해 터놓고 이야기를 나누었다. 처음에는 화를 내기도 하고 절망하기도 했지만, 곧 사랑이 움트면서 눈물을 흘리게 되었다. 두 사람이 다시 부부로서의 위치를 되찾고 관계의 틈이 사라지자 부모 역할도 기꺼이 감당하게 되었다.

사실 아이는 아빠와 엄마 사이에 생긴 틈을 감지하고 폭군처럼 불만을 제기하는 것이다. 이때는 아이를 꼭 안아 주는 치료법을 통해서 가장 자연스럽게 치료할 수 있다. —이 치료법에 관해서는 노벨상 수상자인 니코 틴베르겐(Niko Tinbergen)이 아주 상세하게 다루었다. 그는 부모와 자식 사이의 문제를 치료할 목적으로 이 방법을 고안했다. —이렇듯 장애는 자연스럽게 해결될 수 있지만, 기술적으로 발달한 문명 사회에 살고 있는 사람들은 아이가 서너 살이 될 때까지 아이와의 스킨십을 피하는 편이어서 이로 인해 욕구 불만을 야기한다. 그런데 세 살배기 야콥의 젖을 떼려면 나는 어떤 식으로 그 엄마를 도울 수 있을까?

젖을 떼는 방법

밤에 야콥이 끊임없이 젖을 먹으려고 한다면, 엄마는 지금부터 더 이상 젖을 주지 않겠다고 말해야 한다. 그런 뒤 엄마는 화가 난 아이를 꼭 끌어안는다. 아이가 손으로 공격을 할 수 없게 만들고, 그녀 역시 아이를 때리지 않는다. 아프지 않게 꼭 껴안되 손이나 발로 엄마를 공격하지 않도록 한다. 이때 엄마는 아이가 화난 것을 울음으로 표현할 수 있도록 허락해야 한다. "그래, 울어라, 실컷 울어. 너 화난 거 나도 알아. 울고 싶을 만큼 울어도 돼. 그렇지만 섯을 먹시는 못할 거야." 혹시 아이가 엄마를 문다면, 엄마는 화를 내지 말고 아이의 얼굴을 정면으로 쳐다보면서 고통을 표현해야 한다. "그렇게 하면 아프잖니. 엄마를 물면 안 돼." 그럼에도 불구하고 엄마의 품에 자신을 위한 자리가 언제나 마련되어 있다는 것을 이해할 수 있을 때까지 오래도록 안아 주어야 한다. 물론 젖을 먹을 수 없다는 것에 대한 분명한 경계도 알게 해야 한다. 아이가 이 사실을 알게 되면 눈에 다시 광채가 돌면서 엄마에 대한 사랑을 느끼게 된다. 두 사람이 다정하게 어루만질 수 있을 때, 엄마는 아이를 놓아 줘도 된다. 하지만 야콥처럼 엄마의 품에서만 자려고 하는 아이에게는 이를 교정하는 연습이 필요하다. 엄마가 안아 주는 동안 아이가 안정을 얻는다면, 아이를 침대에 눕혀 혼자서 자게 할 수 있다. 물론 그 전에 우유를 주면 된다.

엄마에게서 뗄 수 있는 방법

아이가 아빠를 멀리하고 엄마하고만 있으려고 할 때도 역시 비슷한 현상이 나타난다. 이런 현상이 가장 많이 나타나는 시기는 대략 8개월부터이다. 우리는 이때를 낯을 가리는 시기라고 말하며, 소위 '8개월 공포'라고 부르기도 한다. 이 시기에 아이는 잘 아는 사람과 낯선 사람을 구별하게 되는데, 잘 알고 신뢰할 수 있는 사람과는 밀접한 관계를 유지하고 또한 이 사람을 고통스러울 정도로 그리워한다. 이 정도에 그치면 아무런 문제가 없다. 하지만 아빠는 낯선 사람이 아니다. 즉, 아이는 아빠와도 친밀한 관계를 가져야 한다. 그런데 엄마가 어떠한 이유에서든 자기만 아이를 데리고 있으려고 하고 아빠에게 보내지 않는다면 이 문제는 심각하게 발전한다. 그 원인을 살펴보면, 엄마가 이기적으로 행동하기 때문이라는 것을 알 수 있다. "나는 아빠보다 너를 더 잘 봐. 그러니까 엄마한테 와! 엄마랑 있으면 아빠한테 있는 것보다 훨씬 편해." 만일 아빠가 이를 방치한다면, 그러니까 아내와 경쟁을 하지 않으려고 하면 사태는 더욱 심각해진다. 즉, 아내가 왜 그런 식으로 아이에게 말하는지 해명시킬 능력이 없다면, 아빠와 아이의 관계에 장애가 발생하게 된다. 이런 부모에게서는 '마마 보이'가 나올 가능성이 많다.

부부가 서로 힘을 합해서 아이에게 영향을 줘야 한다는 확신을 갖고 있는 엄마는 바르게 행동할 수 있다. "이 사람은 네 아빠야. 하나밖에 없는 네 아빠란다. 이 세상에 더 좋은 아빠는 아마 없을 거야. 아빠도 너를 잘 돌봐 주신단다. 엄마는 아빠를 정말 사랑하는데, 너도 아빠를 많이 사랑했으면 좋겠구나. 무슨 말인지 알겠지? 그러니까 이제 아빠랑 같이 있으렴." 이렇게 애정 어린 말을 아이는 아빠에게서도 직접 들어야 한다. 그런데 아이가 야곱처럼 아빠를 밀쳐 내고 공격적으로 대한다면, 아빠는 아이와 어떻게 해서든 이 문제를 해결해야 할 권리가 있다. 아니, 그럴 의무가 있다고 하는 편이 더 나을 것이다. 여기에서도 가장 효과적인 방법은 꼭 안아 주는 방법이다. 두 사람은 욕구 불만이나 저항감을 표현할 수 있지만, 동시에 그들이 가까운 사이이며 서로 사랑하고 있다는 것을 느낄 기회도 얻는다. 특히 아이는 자신이 아빠에게 아주 중요한 존재라는 것을 느끼고, 자신을 안은 강한 아빠를 우러러보면서 아빠를 모델링하려는 생각을 갖게 된다.

이 장에서 중요한 내용을 요약해 보기로 하자.

- 엄마와 아빠가 자신감이 있어야 아이는 안정을 찾는다.
- 당신 스스로를 믿도록 하라. 그리고 다른 사람을 믿을 수 있다면 그것을 기쁘게 생각하라.
- 일관성 있게 행동하고, 너무 많은 방법을 사용하지 마라.
- 불필요한 죄책감에 대해서 허심탄회하게 말하라.
- 당신이 실수를 저질러도 이를 받아들이고, 개선할 수 있는 용기를 가져라.
- 당신이 안고 있는 문제를 혼자서 또는 가족 안에서 해결할 수 없다면, 훌륭한 치료사를 찾도록 하라.

- 당신이 아주 훌륭한 엄마이며 아빠 역시 훌륭하다는 점을 아이에게 분명하게 보여 주어라. 당신은 아이를 돌보는 방식을 스스로 선택할 권리가 있을 뿐 아니라, 선택해야 할 의무도 있다. 아직 미성숙한 단계에 있는 아이로서는 무엇이 올바른 방법인지 결정할 수 없기 때문이다.

- 만일 당신이 아이가 원하는 대로 해 주지 않을 때 아이가 실망하고 화를 낸다면 그렇게 하도록 허용하라. 그러나 아이를 꼭 안아 주면서, 당신이 아이가 화를 내는 이유를 이해하고 있지만 그럼에도 불구하고 당신의 결정이 변하지 않는다는 것을 아이가 느끼게 하라. 아이가 좀 더 자랐을 때도 당신을 괴롭히면 주저하지 말고 아이에게 화를 내도록 하라. 이렇게 해야만 아이는 당신이 어떻게 느끼는지를 알 수 있으며 당신의 느낌을 고려할 수 있다. 문제가 생기더라도 서로 화해하여 결국 사랑에 이르도록 배려하라.

제6장
덮개와 안전한 장소를 마련하는 방법

만일 당신이 지금까지 이 책을 주의 깊게 읽어 왔다면, 다음의 충고도 어렵지 않게 받아들일 수 있을 것이다.

- 아이가 불안하게 뒤척이면 이를 부드럽게 중지시킨다.
- 아이가 잠에서 깨어난 경우에도 잠들었을 때와 똑같은 환경(안전한 보금자리)을 제공한다.
- 아이가 깨어나고 싶은 충동을 갖지 않도록 신경을 써 준다.

덮개

당신은 인디언들처럼 아이의 몸을 오랫동안 친친 감아 둘 필요는 없다. 그 이유는 우선 당신이 그처럼 오래된 방법에 익숙하지 않기 때문

이다. 그리고 오늘날의 아이들은 우리들의 조상보다 개성을 활짝 꽃
피울 수 있도록 더 많은 자유를 누려야 한다. 그러니까 아이를 좀 느슨
하게 감아 주어도 나쁘지는 않다. 하지만 다른 극단으로 가지는 마라!
어린아이는 너무 많은 자유가 주어지면 부담을 느끼고 불안해한다.
신생아가 엄마의 뱃속에서부터 태어날 때까지 막에 둘러싸여 있었다
는 점을 잊어서는 안 된다. 그러므로 이 막을 대신해 줄 수 있는 것을
계속 마련해 주어야 한다. 그러기 위해서는 아이를 포대기에 싸서 자
주 데리고 다니는 것이 좋다. 그러나 데리고 다닌다고 해서 항상 좋은
것은 아니다. 여기에서 중요한 것은 아이가 태아처럼 구부린 상태로
있어야 하고, 아이의 얼굴이 자신을 데리고 다니는 사람에게로 향해
있어야 한다는 점이다. 다른 조건은 상관없다. 가령 포대기로 아이의
등을 묶든, 엉덩이나 배를 묶든 그것은 크게 문제되지 않는다. 그리고
아이의 발은 보금자리의 벽을 느낄 수 있도록 어딘가에 닿아 있어야
하는데, 최소한 뜨개질한 신발을 신겨 주는 것이 좋다. 그런데 실제로
이러한 것을 간과하는 경우가 많다. 아이는 흔히 캥거루처럼 배에 매
달려 있거나, 팔다리가 허공에 나오도록 등에 업혀 있다. 이때 아이의
눈은 믿을 만한 사람을 볼 수 있는 대신, 세계의 온갖 과잉된 자극에
내맡겨져 있다. 이런 방식은 또 다른 의미에서 아이에게 부담을 준다.
갓난아이는 믿을 수 있는 엄마와 아빠의 냄새를 맡는 것이 아니라 자
동차의 배기 가스만 실컷 마시게 된다. 게다가 거리의 소음 때문에 엄
마의 심장 뛰는 소리와 목소리는 거의 들을 수 없다. 갖가지 낯선 자극
으로부터 아이를 보호하지 않고, 이해할 수 없는 엄청난 자극에 노출

시키는 것은 정말 잘못된 방법이 아닐 수 없다.

그러므로 생후 2개월까지는 아이를 포대기에 잘 감싸 주고, 아이가 성장해서 마음대로 움직일 수 있게 되면 포대기를 좀 더 느슨하게 해 주어야 한다. 그러나 만일 아이가 쉬고 싶어하거나 잠을 자고 싶어할 경우에는 잠자리에 눕히고 포대기로 싸 주거나 최소한 다시 잘 덮어 주는 것이 좋다. 아이는 성장해서도 이런 욕구를 가지고 있고, 흔히 대부분의 성인들도 이런 욕구를 갖고 있다.

보호하는 기능을 가진 '덮개'란 단순히 포대기만을 의미하는 것이 아니라, 아이에게 시장이 되는 요소들을 차단해 주는 모든 것을 일컫는다. 가령 벌레의 접근을 막기 위해 아이의 침대에 드리우는 망도 여기에 해당된다. 나는 지난여름, 갓난아이가 있는 방에 모기나 말벌들이 들어올까 봐 창문을 꼭꼭 잠그는 가족들을 많이 봤다. 그리고 어떤 엄마는 방에 들어온 파리를 잡으려고 전자 모기향을 꽂아 두기도 했다. 이런 엄마들이 농약을 치지 않은 과일만 사고 잡곡으로만 빵을 굽는다. 정말 앞뒤가 맞지 않는 불합리한 행동이 아닐 수 없다.

또한 가능하다면 어른들은 아이가 불필요한 소음을 듣지 않도록 해 주어야 한다. 하지만 잠을 잘 때 주변이 쥐 죽은 듯 조용해야 한다는 말은 아니다. 그 이유는 간단하다. 만일 아이가 정말 조용한 환경에서 자는 데만 익숙해지면, 조금만 이상한 소리가 들리더라도 잠들지 못하게 된다.

충분한 수분이 함유된 공기를 마실 수 있는 공간도 이러한 덮개 중 하나이다. 흔히 중앙 난방 형태의 주거 공간은 공기가 건조해지기 쉬운데, 건조한 공기에서 잠을 자면 아이는 목이 말라서 잠을 자주 깨게 된다.

또한 긴장을 풀 수 있는 환경이 마련되도록 신경을 써야 한다. 당신이 감정적 폭발 상태에 있거나 부부 사이의 분위기가 험악하다면, 이것은 떼를 지은 말벌보다 아이를 더 불안하게 만들 것이다. 아이가 말을 알아듣는지 또는 부부 싸움의 원인을 알고 있는지의 문제는 여기서 전혀 중요하지 않다. 아이가 파괴적인 감정 상태를 감지하는 경우, 메타 인지(meta-cognition, 사고에 대한 사고, 즉 자신이 생각하는 것을 생각하는 것: 편집자 주)의 능력이 함부로 다뤄지게 되어 좋지 못한 결과를 가져올 수 있다. 감정적으로 심각한 분위기에서는 아이가 위협을 느끼기 때문에 쉽게 꿈나라에 빠져 들지 못한다. 그러므로 부부 사이에 싸울 일이 있다면, 가능하면 아이가 잠자는 시간 전에 끝을 맺도록 하라. 만일 그렇게 하지 못하면, 아무런 일도 없는 척 아이를 속이지 않는 것이 좋다. 어차피 아이는 자신의 예민한 감각으로 부모 사이에 화산이 폭발하고 있다는 것을 느낄 수 있기 때문이다. 오히려 아이가 자기 전에 솔직하게 말해 주는 편이 더 낫다. "나와 아빠는 지금 싸우고 있단다. 하지만 너 때문에 그러는 것은 아니야. 순전히 우리 두 사람의 문제지. 그러니까 우리가 이 문제를 해결할게. 우리를 믿고 이제 자도록 하렴." 어린아이가 어떻게 이런 말을 이해할 수 있느냐고 묻는 사람도 있을 것이다. 물론 아이는 많은 말을 이해하지는 못하지만, 부모가 서로 화해할 준비를 하고 있다는 것과 아이에게 든든한 기둥이 될 것이라는 확신을 주면 아이는 이를 충분히 느낄 수 있다.

안전한 장소

육지의 동물들은 물론 새들조차, 모든 어린 생명들은 단 하나의 보금자리만을 갖는다는 점을 기억하라. 이 같은 보금자리에서 감각과 운동을 연습하고 관계를 점차 형성해 가는 것이 자연의 섭리이다. 어린 새끼들은 이곳에서 잠을 자고 이곳에서 잠을 깬다.

그러니 당신의 아이를 예외로 만들지 마라. 당신의 아이도 환경이 변하지 않기를 원한다. 따라서 아이가 깨어났을 때 주변의 환경이 잠을 잤을 때와 동일하다는 것을 알 수 있도록 배려해야 한다. 포대기는 이런 조건을 충족시켜 줄 수 있다. 부엌에서, 또는 길 위나 혹은 상점에서 잠을 깨더라도 상관이 없는 것이다. 중요한 것은 아이가 엄마 곁에 있다고 느끼는 것이다. 엄마를 느끼고 엄마의 냄새를 맡고 목소리를 듣고 엄마를 볼 수 있는 것 말이다. 그런데 환경이 바뀌지 않게 하는 점과 관련해서 곤란한 경우가 발생할 수도 있다. 만일 아이가 계속해서 엄마의 젖을 물고 잠이 든다면, 아이는 깨어나서도 자동적으로 엄마의 젖을 찾게 된다. 또는 아빠의 어깨에서 흔들흔들 거실을 돌다가 잠이 들 경우, 깨어났을 때 흔들거리는 아빠의 어깨 위에 있지 않으면 불안해진다. 사실 여기서 '자동 운동'이 작용한다. 반복된 경험을 하게 되면 뇌 세포는 그러한 경향을 당연히 일어나는 것으로 입력하게 되고, 이것은 습관으로 굳어진다. 간단하게 말해서 만일 엄마가 늘 젖을 물려 주고, 아빠가 늘 흔들거리는 어깨 위에서 잠을 재운다면, 자동 운동의 성향은 더욱 강화되는 것이다.

그러므로 만일 특수한 상황에서 아이가 잠들게 될 때, 그 상태에서 다시 잠들지 않게끔 주의해야 한다. 습관으로 자리잡지 않도록 하라는 뜻이다.

잠을 자는 중에도 잠에서 약간 깨는 단계가 여러 차례 있다. 그러므로 아이가 반쯤 깨더라도 보금자리의 벽이 여전히 조화롭게 여겨지도록 해야 한다. 아이가 별다른 노력 없이도 이런 느낌을 가질 수 있도록 도와주어야 할 것이다. 아이에게 익숙한 베개라든가 침대 휘장과 똑같은 무늬로 된 작은 담도 좋다. 침대 위에 장난감 모빌을 달아 주거나 고무 젖꼭지를 쥐어 주는 것도 괜찮은 방법이다. 사람을 지각(知覺)하게 하는 것은 여기서 그다지 중요하지 않다. 그것은 생명이 없는 물건처럼 항상 동일하거나 믿을 수 있거나 확실한 것이 아니기 때문에 때때로 부정적인 영향을 줄지도 모른다. 사물로부터 얻는 이러한 안전감은 아이가 조용한 잠을 이루는 데 있어서 매번 다르게 행동하는 사람으로부터 얻는 보호의 느낌보다 더 중요하다. 부모가 아무리 노력해도 아이를 진정시키지 못하고 아이도 부모를 신뢰하지 못한다면, 부모의 희생적인 사랑이 무슨 소용이 있겠는가?

오늘날에는 아이가 잠을 자지 않을 때 부부 침대로 데리고 가야 할지, 그렇게 해서는 안 되는지에 대해 질문하는 부모들이 많다. 사실 침대로 아이를 데리고 가는 것에 반대할 이유는 하나도 없다. 부모는 모든 아이들과 함께 커다란 가족 침대에서 잘 수도 있다. 가족들이 서로 주의하고 상대를 배려하는 마음이 있다면, 한 이불을 덮고 자는 것은 전혀 해로울 것이 없다. 누구나 잘 알고 있듯이 '한 이불 밑에서 자다' 라는 표현은 서로간의 연대감을 증대시킬 수 있는 말이다. 나는 여러 사람들로부터 가족 침대에 관해 직접 체험한 내용을 들을 수 있었는데, 그들의 경험을 바탕으로 할 때 다음과 같은 조건이 갖춰지면 아이들이 부부 침실에서 자도록 허락해도 된다는 것을 자신 있게 조언한다.

- 부부가 이를 반대하지 않을 경우
- 아이 혼자서 부부 침대를 넓게 차지하는 것을 당신이 허용하지 않을 경우—오늘날 전형적으로 볼 수 있는 현상이다, 중앙 난방을 하는 주택의 경우 이불을 덮지 않아도 되기 때문에, 아이는 다리를 아빠의 배 위에 얹어 놓기 일쑤이고, 그러다 보면 침대가 점점 좁아져서 결국 아빠가 아이의 방에 가서 자게 된다.
- 아이가 젖이나 우유를 달라고 하거나 거실로 나가자고 하는 등의 여러 가지 바람을 빈번하게 요구해도 당신이 이를 수용하지 않고, 방해되지 않게 조용히 있어야 한다는 점을 고수할 경우

하지만 함께 자는 것은 흔히 위태로운 사태를 유발하기 때문에 나는 아이를 적절한 때에 자신의 침대에 재우라고 권하고 싶다. 아이들은 또한 리듬을 원하므로 요람이나 해먹을 엄마 또는 아빠의 곁에 두는 것이 좋겠다.

해먹은 요람과는 달리 몇 가지 장점을 가지고 있다.

- 해먹은 요람보다 사용할 수 있는 기간이 길다.

- 아이는 해먹에서보다 요람에서 잘 때 바닥에 더 쉽게 떨어지므로 상대적으로 안전하다. —해먹은 위에서 잠그도록 한다.
- 요람보다 아이를 더 완벽하게 둘러싸 준다.
- 아이가 조금만 움직여도 잘 흔들거리므로 요람처럼 엄마가 별도로 흔들어 줘야 할 필요성이 없다.
- 아이가 더 많이 흔들거리기를 원한다면, 엄마가 조금만 밀어 줘도 다시 좌우로 움직이므로 편리하다.

해먹에는 매트나 포대기 등을 깔아 주는 것이 더 좋다. 그러면 아이가 더 편하게 잘 수 있을 것이다.

안전한 장소는 리듬과도 뗄 수 없는 관계가 있는데, 내적인 균형을 유지하려면 그러한 두 가지 조건 모두가 갖춰져야 효과를 볼 수 있다. 따라서 다음 장에서는 리듬에 관해서 언급할 것이다.

그 전에 나는 아이가 잠을 자는 동안 조명을 어떻게 할 것인지에 대해서 얘기하고 싶다. 촛불이나 전기가 너무 비싸서 어둠 속에서 잠을 자는 것에 익숙했던 과거와는 달리, 요즘 사람들은 불을 끄고 자는 것에 대해 기겁을 하는 경우가 자주 있다. 전등을 켜 놓고 자는 사람들은 어린 시절에 이루지 못한 욕망을 뒤늦게 충족시키려는 것일까? 우리가 사는 사회에서 눈으로 본다는 행위가 점점 중요해지고 있기 때문일까(텔레비전, 컴퓨터 등)? 그것은 느끼는 것보다 더 중요한 것일까? 이상하게도 밤에 불을 환하게 켜 놓는 가족 가운데 수면 장애로 고생하는 아이들이 많다. 불을 켜 놓으면 아이는 너무 많은 자극을 받아서 잠을 이룰 수 없고, 자신이 하는 행동들의 순서를 파악하게 된다. 하지만 꼭 아이의 수면 장애 때문만이 아니라, 나는 기본적으로 아이가 전등이 켜져 있지 않은 상태에서 자는 것이 더 좋다고 생각한다. 달빛과 별빛만으로도 우리에게는 충분하다. 자신의 작은 침대에 누워 익숙한 물건들로부터 안전하다는 느낌을 찾는 아이들에게는 밤이 내뿜는 자연적인 미광—혹은 아주 약한 불빛이 흘러 나오는 스탠드—만 있어도 충분하다. 왜냐 하면 베개, 만지작거릴 수 있는 작은 담요 또는 고무 젖꼭지, 무엇보다 부모가 곁에 있음을 느끼는 것, 그리고 부모의 규칙적인 숨소리를 듣는 것은 눈이 아닌 다른 감각들로 인지할 수 있기 때문이다.

당신은 이미 다음과 같은 사실을 알았을 것이다. 단호하게 행동하지 못하는 부모를 가진 아이는 젖을 먹는 리듬, 엄마가 걷는 속도, 아빠가 그네를 밀어 줄 때의 강도 등을 스스로 결정한다. 자신이 원하는 리듬을 부모가 제공하지 못하기 때문에 아이는 스스로 그 리듬이 생겨나도록 해야만 한다.

만일 당신이 그런 부모였다면 이제 더 이상 그렇게 해서는 안 될 것이다. 당신 스스로 아이에게 줄 리듬을 결정하라. 그리고 아이가 원하는 것보다 더 많이 주도록 노력하라. 만일 욕구가 채워지지 않으면, 아이는 결핍을 느끼고 스스로 조정하려 들게 된다. 반대로 충분히 채워주면 만족감을 느낄 것이다. 리듬이 중요한 의의를 갖는 영역은, 엄마의 심장 박동이나 흔들거리는 것에서부터 호흡과 혈액 순환, 밤낮의 시간 분할, 식사의 간격, 소화 과정, 하루 일과와 쓰다듬어 주기, 기어 다니기, 걷기, 노래하기, 말하기에 이르기까지 매우 광범위하다.

태양, 지구, 달이 특정 리듬에 따라 움직이고 은하계의 특정 리듬 속에 속해 있듯이 원래 모든 생명의 힘은 서로 관계가 있다. 우주 전체와 사람은 리듬 안에서 끊임없이 박동한다. 나는 내 친구이자 소아과 의사인 크리스텔 슈바이처와 공동으로, 불안한 아이와 이런 아이들을 키우는 부모에 관한 책을 낸 적이 있다. 이 책에는 리듬이 갖는 중요한 의미에 대한 내용도 포함되어 있다. "외부 세계의 리듬과 자신의 바이오리듬이 조화를 이루면, 사람은 아주 편안하고 자유롭게 느낀다. 그는 균형 상태에 있으며 휴식할 수 있고 평형을 유지한다. ⋯ 리듬은 신체와 정신을 연결해 준다. ⋯ 아이는 이처럼 다양한 리듬을 스스로 개발할 수 없다. 자신의 바이오리듬을 발견하기 위해, 아이는 주변 환경에서 리듬을 만나야 한다. 이를 중개해 줄 수 있는 사람이 바로 엄마(부모)이다."

그렇다면 리듬이 발휘하는 효과에 대해 자세하게 살펴보기로 하자.

흔들어주기, 쓰다듬기, 마사지, 노래하기

사실 이런 리듬들은 가장 손쉽게 만들어 낼 수 있는 것들이다. 그러나 모든 아이들이 강한 자극을 요구하는 것은 아니다. 좀 더 강하게 흔들어 달라는 성화에 못 이겨 흔들어 주다 보면, 그야말로 흔들어 주는 것이 아니라 뒤집어질 듯 요동을 치는 아이도 있다. 또 어떤 아이들은 흔들어 줄 때 내키지 않는다는 반응을 보이곤 한다. 세심하게 관찰해 보면 당신은 아이가 어느 정도를 원하는지 발견할 수 있을 것이다. 어쨌거나 이미 태어나기 전부터 아이가 느꼈던 리듬을 태어난 후에도 계속 제공해 주고, 다양하게 확장시켜 주고, 또 이를 지켜 나가는 것이 여러모로 좋다. 리듬을 확장시키는 데는 다음과 같은 방법들이 있다. 아빠가 아이를 안고 다니거나 포대기로 싸서 데리고 다니면서 반복된 리듬으로 말을 하는 것, 또는 옛날 방식대로 마사지를 해 주는 것—가령 인디언들의 마사지 방법에 관해서는 프레드릭 레보이어(Frédé-rick Leboyer)가 쓴 책 『부드러운 손』(Sanfte Hände)에 잘 나온다.—이나 목욕을 시키면서 닦아 주는 것, 아이가 잘 아는 노래를 불러 주는 것 등 이외에도 수많은 방법들을 나열할 수 있을 것이다. 그러나 우리의 과제는 어떻게 하면 아이에게 살아 있는 대화를 훈련시킬 것인가가 아니라 어떻게 아이를 잠들게 할 것인가를 목적으로 한다는 점을 잊지 말자.

잠들기

아이들을 자극시키는 종류의 일과 이완시키는 종류의 일을 구분하는 것은 매우 중요하다. 전자는 낮에 이루어지게 하고, 후자는 밤에 이루어지도록 해야 한다. 그래야 생후 1개월 때 낮과 밤을 구분하고 그것에 따라 행동하는 일이 수월해질 것이다. 또한 자는 방식에 따라 아이는 낮잠과 밤에 자는 잠 사이의 차이를 알아야만 한다. 이때 부모는 아이가 언제 잠을 자고 싶어하는지 며칠 동안 주의 깊게 살펴야 한다. 이는 리듬에 대한 욕구와 비슷한데, 즉 모든 아이들의 수면 욕구가 동일하지는 않은 것이다. 어떤 아이들은 더 많이 자고 또 어떤 아이들은 더 적게 잔다. 이렇듯 아이마다 잠에 대한 욕구가 다르다는 것을 부모들은 잘 파악해 두어야 할 것이다. 평균 3개월까지의 갓난아이는 15시간에서 16시간을 자고, 4개월부터 6개월까지의 아이는 14시간에서 15시간을 잔다. 이때부터 초등학교에 입학할 때까지 대략 12시간에서 13시간을 잔다. 태어난 첫해에는 주로 낮에 잠을 자지만 점점 그 시간대가 밤으로 변경되는데, 유치원에 다니는 아이들의 경우에서 흔히 볼 수 있듯이 낮잠은 일종의 중간 단계라고 할 수 있다.

갓난아이는 다양한 조건에서 낮잠을 잔다. 요람에서, 포대기에 싸여서, 엄마가 쇼핑을 하는 동안에, 무릎에서, 바구니 안에서, 불이 켜진 상태에서, 사람들과 대화를 나누는 동안에, 이불을 덮거나 덮지 않은 상태에서 잠을 잔다. 그러나 반대로 밤에 잠을 잘 때는 항상 동일한 조건이 유지되어야 한다.

- 부부가 함께 아이의 잠자는 시간을 논의하고 결정하라.
- 특정한 장소를 선택하도록 하고 이를 바꾸지 않는 것이 좋다. 침대로 결정했다면 계속 그렇게 하고, 해먹으로 결정을 했다면 항상 그곳에 아이를 눕혀라. 아이가 당신이 불안정하다는 것을 느끼지 않도록 단호한 결정을 해야 한다.
- 자는 방식에 관해 부부가 의견 일치를 봐야 한다. 이렇게 해야

부모 가운데 어느 쪽이든, 즉 엄마뿐 아니라 아빠도 이 일을 담당할 수 있고 아이는 이 규칙에 따라야 한다는 것을 배울 수 있다. 또한 아이의 나이와 상관없이 잠자기 전에 특별한 절차나 과정을 거치는 것이 좋다. 그렇게 함으로써 긴장을 해소하고 잠을 자고 싶다는 생각이 들도록 할 수 있다.

갓난아이에게는 다음과 같은 과정이 적당하다. 목욕, 마사지, 기저귀 갈기, 수유, 쓰다듬어 주기, 트림시키기, 조명을 어둡게 하고 눕히기(이불을 덮어 준다), 다시 쓰다듬어 주면서 잘 자라고 말하기, 이마에 뽀뽀해 주기, 늘 부르는 자장가를 들려주거나 기도해 주기 등을 아이가 자기 전에 규칙적으로 시도해 보라. 당신은 이러한 단순한 리듬을 통해서 아이를 잠들게 할 수 있다.

또한 잠자는 장소를 어디로 결정했는지에 따라 리듬을 제공하는 방식도 달라질 수 있다. 해먹의 장점은 조금만 밀어도 자동적으로 잘 흔들거린다는 데 있다. 하지만 요람의 경우는 당신이 직접 흔들어 줘야 한다. 만일 갓난아이가 고정된 침대에 누워 있다면, 고무 젖꼭지를 물려 주거나 부드럽게 쓰다듬어 주면 된다. 그리고 경우에 따라서는 째깍거리는 시계를 아이의 곁에 두는 것도 효과가 있다. 어쨌거나 아이가 잠들 때까지 당신이 옆에 있어 준다면 편안하게 잠들 수 있을 것이다. 당신을 기억할 수 있도록 옷가지를 아이의 침대에 두는 것도 좋다. 엄마의 냄새를 맡을 수 있는 숄을 주는 것도 좋은 방법이다.

좀 더 자란 아이들의 경우는 약간 다르게 한다. 목욕, 양치질을 하도록 하거나 엄마 또는 아빠와 함께 그날 잘한 일과 잘못한 일에 대해서 얘기를 나누어도 좋다. 다른 이야기를 해도 상관없지만, 자기 전에 너무 긴장되는 얘기를 하거나 텔레비전을 보게 하는 것은 좋지 않다. ─ 당신이 잠자리에서 추리 소설을 읽으면 잠을 못 자게 되는 것과 마찬가지이다. ─ 그리고 물을 마시게 한 다음 화장실에 보냈다가 재우면 된다. 침대에서 아이는 갓난아이 때부터 익숙해져 있는 선물을 받는다. 엄마나 아빠가 곁에 앉아 아이를 쓰다듬어 주고, 이불을 덮어 주는 것이다. 마지막으로 아이와 함께 기도를 하거나 끝나지 않는 긴 얘기를 들려준다. 가령 양치기를 따라가는 양에 관해서 말이다. 첫번째 양이 따라가고, 두 번째 양이 따라가고, 세 번째, 네 번째,…. 아이가 잠이 든 후에 엄마는 침대를 떠나면 된다.

수면 시간

가장 중요한 원칙은 이러하다. 어떤 식으로든 변화를 주지 않도록 하라. 그것은 조금 자란 아이의 경우, 침대에 들어가 이불을 덮으면 다시 일어나 앉아서는 안 된다는 것을 의미한다. 더욱이 일어서서 돌아다니는 것은 물론 안 된다. 그리고 어떤 질문도 해서는 안 되며 물을 마시겠다고 해서도 안 된다. 엄마는 단호한 태도로, 또한 사랑하는 마음으로 ─ 단호함과 사랑은 서로 상치되는 개념이 아니다. 오히려 반대로 사랑이 경계를 뛰어 넘기 때문에 이 둘은 서로 화합한다. ─ 아이가 혹시라도 잠에서 깨지 않도록 주의하고, 밤새 숙면을 취할 수 있도록 신경 써 주며, 다음 날 아침이면 엄마가 다시 침대로 다가와서 반겨 줄 것이라는 점을 아이가 의심하지 않도록 해야 한다.

부모는 잠에서 자주 깨어나는 행동이 아이의 뇌에 각인되지 않도록 잘 보살펴야 한다. 그렇지 않으면 아이는 밤에 잠을 잘 이루지 못하게 되는데, 이런 아이들은 대부분 성장해서도 이런 문제에서 벗어나지 못한다. 부모가 이러한 점들을 잘 이해하고 돌보아 주면 아이의 뇌는 밤새 깊은 휴식을 취할 수 있다. 따라서 낮에는 깨어 있게 된다.

침대에서 스스로 벗어날 수 없는 갓난아이의 경우는, 아이가 자는 것 외에 다른 것을 원한다 해도 거절하는 것이 훨씬 수월하다. 그러므로 일단 침대에 누우면 계속 잠을 자야 한다는 것이 아이에게 확실히 각인되도록 해야 한다.

하지만 아주 많은 젊은 부부들은 아이가 젖을 먹고 싶어할 때 어떻게 해야 할지 망설이는 경향이 있다. "아이가 젖을 달라는데 주지 않는 저는 어떤 엄마죠?" "내 아이가 밤새 젖을 찾으면서 고통스러워하는 것을 아빠로서 허락할 수 없습니다." 어린 딸이 다섯 살이 될 때까지 젖을 먹였던 한 젊은 엄마가 나에게 이렇게 물었다. "아이는 구강의 욕구가 충족되어야만 안전하게 잠을 잘 수 있는 걸까요?" 물론 나는 그녀에게 수유에 관해서 충고한 것이 아니라 문제를 해결하는 방법을 얘기해 주었다. 그 여자 아이는 늘 엄마의 치맛자락에 매달려 떨어질 생각을 하지 않았고, 특히 유치원에서는 아이들과 어울리려고도 하지 않았다. 그래서 나는 그 젊은 엄마에게 구강의 욕구와 안전에 대한 욕구가 어떤 관련에 있는지 설명해 주었다. 사실 입이란 세 살이 될 때까지 가장 민감한 기관으로서, 영양을 공급하고 보호해 주는 엄마와 이를 통해 연결된다고 할 수 있다. 이것은 보호되는 느낌을 제공하는 여러 가지 원천 가운데 하나이다. 하지만 아이가 엄마와 연결되기를 원할 뿐 아니라 엄마로부터 독립하려는 욕구도 가지고 있다는 것을 이해하려고 노력하는 것 역시, 아이가 보호되고 있음을 느끼게 해주는 원천이 된다. 안전감은 온순한 엄마가 젖을 물려 줄 때 생기는 것이 아니라, 성숙한 엄마가 사랑으로 해도 되는 것과 안 되는 것의 한계를 분명하게 그어 줄 때 생기는 것이다.

만일 지나치게 심리학적인 견해로만 아이를 교육시키고 상징성을 무시한 채 구강을 단지 영양분을 섭취하는 기관으로만 이해한다면 불행한 일이 일어날 것이다. 이런 경향으로 희생된 사람들은 바로 알코올 중독, 탐식증, 마약 복용의 고통을 안게 된다. 중독이란 아주 간단한 메커니즘에 의해 발생하는 것이기 때문이다. 아이의 사소한 욕구조차 무조건 젖으로 만족시키려 든다면, 이에 익숙해진 아이는 평생 여기에서 헤어나지 못한다. 관대한 엄마는 훗날 딸이 고통에 빠져 있을 때 포도주나 마약을 줘야 하는 사태를 맞이하게 될지도 모른다.

당신이 이런 불행을 사전에 예방하려면, 우유를 먹는 것과 잠드는 것이 병행될 때 얼마나 위험한 일이 일어날 수 있는지 좀 더 구체적으로 살펴봐야 한다. 심리적 장애뿐 아니라 신체적인 장애까지 유발하는 또 다른 발병의 원인으로 작용할 수 있는 것이다.

잠을 잘 때 절대로 우유를 먹이지 마라!

이러한 경고들의 정당성을 좀 더 효과적으로 증명하기 위해 고심하던 중 나는 소아과 의사인 미하엘 로르(Michael Rohr) 박사와 접촉하는 데 성공했다. 나는 그를 몇 년 전 튀빙겐 소아과 병원에서 알게 되었는데, 당시에도 나는 아이들의 성장에 관한 그의 의견을 높이 평가하고 있었다. 현재 그는 프라이부르크에서 개인 병원을 운영하고 있으며, 나와 마찬가지로 아이를 잘못된 방법으로 키우는 여러 가지 문제점에 대하여 염려하고 있다. 그러한 공동의 관심사로 인해 우리는 어느 세미나에서 다음과 같은 대담을 할 수 있는 기회를 갖게 되었다.

"로르 박사님, 저는 아이들이 부모를 마음대로 조정함으로써 오늘날 병리학적인 여러 증상이 나타났다고 봅니다. 저는 아이들이 폭군처럼 되거나 불안해서 잠을 자지 않는 경우에 관한 내용을 다룬 책에서, 이런 아이들과 부모들이 겪는 심리적 장애에 대해서 이야기한 적이 있습니다. 당신은 발표를 하는 가운데 이런 점을 인정했고, 나아가 신체와 심리 영역에서 발견되는 잘못된 성장에 관해서도 언급을 하셨습니다. 박사님 말씀처럼 그런 아이들의 반 정도가 언제, 어떻게, 어느 정도를 마시고 먹을지 스스로 결정하기 때문에 보통 아이들과는 다르게 성장하고 있는 것이 사실이지요. 대부분 이런 일은 밤에 일어나게 됩니다. 박사님이 '마시면서 잠들기' 라고 불렀던 이 주제에 관해 얘기하기 전에, 저는 이런 질문을 먼저 드리고 싶습니다. 밤에 젖을 먹이거나 우유를 주는 것은 어떻습니까?"

로르 박사: 그것은 나이에 따라 다릅니다. 1개월에서 3개월까지의 영아는 긴긴밤을 아무것도 먹지 않고 견디기가 어렵죠. 하지만 일반적으로 주의해야 할 점은, 우유나 젖을 먹인 후 다음 번 식사 시간이 되기 전에 또다시 우유를 줘서는 안 된다는 것입니다. 이것은 밤뿐 아니라 낮에도 마찬가지입니다. 가능하면 트림을 할 수 있도록 짧은 시간 안에 적정한 양을 주면 되죠. 우유를 먹이고 나서 잘 때까지의 시간이 길어지면 신체적, 정신적 측면에서 좋지 못한 결과가 생깁니다. 3개월에서 6개월 정도의 영아는 점차 밤과 낮의 리듬에 익숙해져서, 결국 밤새도록 잠을 잘 수 있는 상태가 됩니다.

"아이들이 잠을 자면서 우유나 젖을 먹는 것을 두고 박사님은 '마시면서 잠들기' 라는 표현을 사용하셨는데, 마시면서 잠을 자면 아이의 신체에는 어떤 영향을 미치게 됩니까? 이것은 특히 복통이나 위통과 관련해서 아주 중요한 문제인 것 같습니다."

로르 박사: 우유나 젖을 먹는 동안 잠드는 경우가 많아질수록 아이의 근육 조직은 점점 축 늘어지게 됩니다. 또한 복부의 팽팽한 상태도 느슨해집니다. 원래 축 늘어진 자루에 더 많은 것을 넣을 수 있듯이, 아이는 수면을 촉진시켜 주는 우유를 자꾸 더 찾게

되죠. 또한 졸음이 오면 배가 아픈 것도 금방 의식하지 못합니다. 그래서 식사 때마다 먹는 위가 원하는 대로 우유의 양이 늘어나는 것이죠. 그렇게 되면 깔때기 모양으로 생긴 위의 입구가 점차 넓어져서 결국에는 닫히기 힘든 지경에 이릅니다. 이런 아이들은 4주가 지나면 우유를 먹고도 금방 다시 찾는데, 그러다가 한바탕 심하게 토할 수도 있고 대부분 불쾌함을 느끼게 됩니다. 왜냐 하면 위산이 식도의 점막을 공격해서 위통을 일으키기 때문입니다. 놀랍게도 이런 위통은 빈번한 문제가 되었지요.

"사실 의학적으로 문외한인 사람들은 잘 이해가 되지 않을 수도 있을 텐데요, 소화 과정에 관해서 좀 더 자세하게 설명해 주시겠습니까?"

로르 박사: 식사를 하는 동안 위에서 어떤 일이 일어나는지 한 번 살펴봅시다. 건강한 젖먹이의 경우, 젖을 먹은 지 몇 분 후면 벌써 위의 반 이상이 찹니다. 우유를 먹는 아이의 경우에는 이보다 몇 분 더 길어질 수 있습니다. 산화 과정에서 단백질이 침전—우유가 요구르트로 변하듯이—되기 시작하면 위산이 나옵니다. 작게 트림을 시킨 뒤 다시 한 번 약간 더 먹여 주면 위가 편안해집니다. 식사 시간이 10분에서 15분, 길어도 20분 내로 끝나지 않고 아이가 계속 조금씩 먹게 되면, 산화 과정은 제대로 진행될 수 없습니다. 이미 산화 과정을 거치고 장으로 흘러갈 준비가 되어 있는 우유에 침전되지 않은 단백질을 포함하는, 산화되기 전의 신선

한 우유가 계속해서 흘러들어 오는 것이죠. 만일 이렇게 혼합된 우유가 유문(위의 아래쪽 구멍)을 통해서 장에 이르면, 끔찍한 복통을 유발하고 배변 과정을 반사적으로 막아 버리는 결과를 낳지요. 그러면 유문이 좁아지는데, 이 때문에 아이는 고통스러운 상황에 처합니다. 신체 조직에 영양소가 전달되지 않아서 아이는 계속 배가 고프게 되고, 혈당도 내려갈지 모릅니다. 혈당이 내려가면 아이는 신경이 예민해지고 몸을 떠는 증세를 보이게 됩니다. 동시에 위는 우유와 치즈가 혼합된 상태의 음식물로 가득 차 있지요. 아이에게는 불쾌하기 짝이 없는 일일 것입니다.

"아이가 울면 공기를 삼키게 되지요. 이렇게 들어가는 공기가 압박감을 줘서 아이는 더 울게 됩니다."

로르 박사: 또한 그렇게 긴장되면 쉽게 피로해집니다. 아이는 완전히 지쳐 나가떨어질 뿐 아니라, 아무리 애를 써도 포만감을 느끼지 못합니다. 또한 속이 더부룩하고 위통도 있고 딸꾹질이 나고 점점 배가 아프면서 피로를 느끼죠. 어쩌면 너무 피곤해서 금방 잠이 들 수도 있지만 배가 고프니까 오래 잘 수는 없겠지요. 하지만 위와 장은 아마도 음식물을 조금씩 소화시켜 내보낼 수 있을 겁니다.

"박사님은 모유를 먹는 아이와 우유를 먹는 아이 사이에 분명한 차이가 있다는 것을 언급하셨습니다. 모유에는 소화를 시킬 때 보호하는 기능이 있습니까?"

로르 박사: 모유를 먹는 아이가 더 낫다는 사실은 의심할 여지가 없습니다. 모유를 소화시키는 것이 더 쉬운 이유는 모유에 낯선 단백질이 포함되어 있지 않기 때문이죠. 하지만 젖을 먹는 아이들에게도 좋은 소화 리듬이 형성되도록 신경 써 주어야 합니다. 아이의 장이 비어 버리면 위가 더 잘 채워지죠. 모유를 먹는 아이도 가스가 차는 등의 유사한 증상으로 고통스러워할 수 있습니다.

"아이에게 가스가 찬다고 하셨는데, 그럴 경우 엄마들에게 어떤 조언을 해 주실 수 있는지요? 아이가 트림을 할 수 있게 하려면 엄마들은 어떻게 해야 합니까?"

로르 박사: 가스가 차는 증상은 아주 복합적인 주제라 할 수 있습니다. 따라서 수천 가지 조언도 할 수 있지요. 하지만 저는 여기서 제 경험에 따라 가장 중요한 요점 하나만 짚고 넘어가고 싶습니다. 우리가 만일 아이의 식사 때마다 우유의 양을 제한하거나 식사 시간을 제한한다면, 문제가 아주 쉽게 해결될 수 있다는 것입니다. 아이는 이 점에 대해 표시를 하는 편입니다. 일반적으로 아이는 4분에서 6분까지 힘차게 우유를 빨아들입니다. 그리고는 조금 쉬죠. 이것은 우리에게 "이제 배가 불러요. 그러니 숨 좀 돌

리고 트림을 하고 싶어요."라고 말하는 것과 같습니다. 그런 다음 2, 3분 후에 아이가 우유를 먹는 상태를 관찰해 보면, 거의 모든 갓난아이들의 경우, 눈에 띄게 조금 먹는다는 것을 알 수 있을 것입니다. 그리고 3, 4분 뒤에는 우유를 먹으려는 욕구가 거의 없다는 것을 또한 보게 됩니다. 이때 우유를 그만 주고 기저귀를 갈면 됩니다. ─우유를 먹다가 잠시 쉬는 시간에 해서는 안 됩니다!─ 갓난아이는 대개 이때쯤 변을 봅니다.

"매우 타당성 있는 말씀입니다. 박사님의 말씀은 아이의 모든 욕구를 위해 시간과 공간이 충분하게 확보되어야 한다는 의미인 것 같다고 생각합니다. 한 가지씩 차례로 뒤죽박죽이 되지 않게요. 맞습니까?"

로르 박사: 네, 맞습니다. 선생님도 기저귀를 갈아 준 뒤 다시 우유를 주지 않는 이유에 대해서 알고 계시리라 생각합니다. 갓난 아이는 먹으려는 욕구뿐 아니라 여러 가지 기본적인 욕구를 가지고 태어나지요. 가능하면 아이를 위로해 주고 보호해 주는 것도 필요하다는 것입니다. 기저귀를 갈아 준 뒤에도 아이가 쉽게 잠을 이루지 못하면, 몸을 똑바로 세워서 이불로 감싸고 엄마가 안아주는 것이 가장 좋지요. 그러면 아이는 모태에 있는 것처럼 편안하게 느낍니다. 이때 아이가 듣고 느끼는 것들이 매우 중요합니다. 그것은 엄마의 호흡, 심장의 박동 소리, 신뢰하는 목소리, 부드럽게 흔들리는 움직임들이죠. 소화를 시키기 위해 아이는 아무

것도 하지 않으려고 합니다. 그러면 가스가 찰 수 있는데, 이를 막을 수 있는 특효약이 있습니다. 엄마가 우는 아이를 안고 소파에 앉아서 큰 아이(또는 스스로)에게 책을 읽어 보라고 시키는 것입니다. 그러면 갓난아이는 놀라울 정도로 빨리 마음의 휴식을 찾게 될 것입니다.

"그렇습니다, 박사님. 침착하게 행동하는 것이 가장 좋은 특효약이죠. 침착한 자세 역시 안전의 감정에 속한다고 생각합니다. 이때 계속되는 요소는, 아이의 생활 영역에 구조를 세워 주는 일에 관한 엄마의 분명한 태도입니다. 우유를 먹은 후에 조용히 소화를 시키고 그 다음에는 또 어떤 일을 할지 차례로 순서를 정하는 것이죠."

로르 박사: 믿을 만한 두 번째 충고를 드리겠습니다. 우유를 먹인 다음 기저귀를 갈고 신속하게 준비를 해서 30분에서 45분 동안 집을 떠나 있는 것을 하루에 두세 번쯤 반복하십시오. 아이를 유모차에 태워도 괜찮고 포대기에 싸서 데려가도 좋습니다. 아이를 위해 의무적으로 한다고 생각하지 말고 자신을 위해 운동을 한다고 생각하는 것이 중요합니다. 임신 기간 중 집 안에만 있지 않고 충분히 움직였던 엄마들은 분명 효과를 볼 것입니다. 갓난아이들은 엄마의 뱃속에서 겪었던 경험을 잘 기억하죠.

트림에 관해 짤막하게 더 얘기를 하죠. 아이가 축 늘어져 있거나 누워 있을 때 트림을 시키는 것은, 엄마나 아빠의 몸에 기대어

똑바로 선 자세에서 트림을 시키는 것보다 더 어렵습니다. 리듬을 살리면서 등이나 엉덩이를 부드럽게 톡톡 두드려 주고, 아이를 편안하게 하는 말을 해 주면 더욱 효과적이죠.

"박사님, 이제 장애에 관해 다시 얘기를 해야겠습니다. 자면서 우유를 먹으면 갓난아이와 아이들에게 어떤 해가 있게 됩니까? 박사님은 구강세균계와 인후세균계에 장애가 생기거나 점막이 부풀고 감염이 될 수 있다고 하셨는데, 전체적인 원인과 결과를 말씀해 주십시오."

로르 박사: 정상적인 구강세균계와 인후세균계란 입, 목구멍, 코에 있는 다양한 병원체로 건강과 튼튼한 체질을 위해 일익을 담당합니다. 이것들은 항상 동일한 상태를 유지하는 것이 아니라 나이, 생활 습관, 무엇보다도 섭취하는 음식물에 따라 변하지요. 가령, 갓난아이에게 부식을 주면—특히 야채를 줄 경우—혼합된 병원체의 상태가 변하게 되지요. 그런데 이 병원체들은 태어난 지 6개월에서 12개월 된 아이의 질병을 막아 주는 중요한 역할을 합니다. 그런데 만약 잠을 잘 때나 잠자기 바로 전, 혹은 밤에 깨어났을 때 영양분이 들어 있는 음료를 아이에게 주게 되면, 몸이 알칼리성에서 산성으로 변하게 됩니다. 그러면 마치 지나치게 비료를 많이 주는 것처럼 점막과 편도선의 병원체가 비정상적으로 성장하게 됩니다. 그래서 끊임없이 점막이 부풀어 오르고 그르렁거리며 호흡하게 되는데, 특히 아침에는 아이가 정상적으로 호흡하

지 못할 수도 있습니다. 그리고 평균적으로 감염될 가능성이 많습니다.

"박사님은 자면서 우유를 먹는 아이들의 경우 소위 림프성 침전을 볼 수 있다고 하셨는데, 이것은 무슨 뜻입니까?"

로르 박사: 저녁 식사 시간에 숟가락을 사용하여 먹이면, 예를 들어 9개월부터 빵에 햄이나 치즈를 조금 끼워 아이에게 먹이면, 저녁 식사는 엄마와 아이에게 아주 즐겁고 휠기친 시간이 됩니다. 그러면 아이는 입과 목구멍뿐 아니라 부속 기관도 많이 움직이게 되죠. 그러면 수천 겹으로 되어 있는 림프관은 물론 얼굴과 점막도 많이 움직이게 되므로 결과적으로 마사지를 하는 셈이 됩니다. 림프(임파액)는 계속 펌프질을 하게 되고, 무엇보다 편도선과는 다른 림프성 기관을 통해 펌프질이 계속됩니다. 점막과 얼굴은 약간 팽팽해지고 덜 말랑해집니다. 자면서 먹는 아이들 가운데 많은 경우, 림프가 막히는 증상이 있습니다. 즉, 얼굴이 창백해지면서 눈 밑에 푸른색 원이나 그늘이 생기고 눈꺼풀이 부어오르게 되는 것이죠. 또한 입 안을 주의 깊게 들여다보면, 목구멍이나 목젖, 편도선에 몇 가지 변화를 볼 수 있습니다.

이것은 우선, 영양분을 섭취하는 방식 때문이라고 할 수 있습니다. 성장한 아이들은 씹어서 영양분을 섭취하지만, 자면서 마시는 아이는 빨아서 영양분을 섭취합니다. 이렇게 하면 구강 내의 저압으로 우유가 고이게 되고, 점막에서 림프가 정지하게 됩니다. 또한 주변 조직의 점막 구조를 부풀게 합니다. 게다가 점막의 겉 표면에는 수면 상태에서 일어나는 영양분 축적이나 pH 변화 등의 과정들이 아주 오랫동안 지속됩니다. —물을 마셔도 이런 현상이 일어난다면 다른 음료의 경우는 더 심하겠지요. —왜냐 하면 침이 거의 흐르지 않고, 정상적인 환경으로 회복되는 과정이 아주 천천히 진행되기 때문이죠. 간단하게 말하면, 아이가 자면서 우유를 마시는 것은 비정상적으로 병원체들이 늘어날 수 있는 최적의 조건을 만들어 주는 일입니다. 부어오른 점막에서 흔히 침, 점액, 분해된 우유 찌꺼기가 혼합되어 있는 것을 발견할 수 있어요. 이런 아이들이 만성적으로 코감기를 앓는 것은 놀랄 일이 아닙니다.

"그렇다면 박사님, 편도선과 인두편도선이 커지는 것도 그 때문이라고 할 수 있나요?"

로르 박사: 이미 서술했듯이 목구멍과 비인강(鼻咽腔)의 부분에 장애가 발생함으로써 편도선과 인두편도선이 커질 가능성이 높습니다. 부모에게 그런 경향이 있다면 말할 것도 없지요. 하지만 다른 요소들도 있습니다. 저는 여기에서 다른 방식으로 접근해 볼까 합니다. 예를 들어, 자면서 우유를 마시게 되면 목뼈에 어떤 영향을 미칠지 한번 생각해 봅시다.
상부 기도에서의 호흡 장애는—만성적으로 코가 좁아지는 현

상, 인두편도선의 확대, 편도선 확대, 혀가 제대로 자리를 잡지 못하거나 계속 입을 벌리고 있는 증상—목뼈를 지나치게 내뻗게 만드는 결과를 가져옵니다. 그런 자세를 취하는 것이 호흡하기가 가장 쉽기 때문이죠. 이렇게 되면 머리의 위치가 전형적으로 고정되면서 얼굴이 변하게 됩니다(좁고, 앞으로 약간 나온 위턱, 뾰족한 입천장, 뒤로 들어간 아래턱). 이비인후과 의사라면 누구라도 금방 알아볼 수 있죠. 이런 신체 기관들이 변하게 되면 언어 치료학자와 턱 교정사가 손을 써야 하는데, 이것은 재정적인 부담이 되는 치료입니다.

"박사님의 병원을 찾는 환자 가운데 자면서 우유를 마시는 아이들은 어느 정도나 됩니까?"

로르 박사: 대략 25퍼센트 정도입니다.

"정말 많군요. 사실 우리는 아이들이 그 문제로 병원을 찾기 전에 도와줘야 하는데 말입니다. 이 책을 읽는 독자들에게 박사님이 주시는 정보는 아주 유용할 것입니다. 어떻게 해야 할지 충고해 주시겠어요? 생후 3개월까지의 갓난아이, 그리고 3개월에서 6개월 정도 된 갓난아이는 밤에 몇 번 정도 우유를 먹는 것이 좋을까요? 그리고 밤에 주는 것을 언제부터 중지해야 합니까?"

로르 박사: 태어난 지 3개월이 된 갓난아이의 식사 리듬은 완전히 고정되어 있도록 해야 합니다. 최소한 2시간 반에서 3시간의 간격을 유지하는 것이 좋습니다. 이러한 규칙을 주의해서 지킨다면 시간이 지나면서 자동적으로 간격이 벌어지겠지요.

3개월에서 6개월 된 아이의 경우에는 식사 리듬을 자동적으로 조절할 수 있는 시기가 있습니다. 만일 다음과 같은 환경이 잘 조성되면, 5개월이나 6개월 째부터는 아이와 엄마 둘 다 잠드는 것 때문에 씨름하지 않고 기분 좋게 잠자리에 들 수 있습니다. 즉, 젖이나 우유를 먹는 시간이 언제나 엄마와 아이 사이의 즐거운 감정적 교류로 채워지고, 아이가 잠을 깼을 때 너무 늦어지지 않게 깨자마자 젖이나 우유를 주도록 신경 써야 합니다. 그리고 소화력이 현저히 떨어지고 잠을 자려는 욕구가 점점 강해지는 것 또한 그런 시기의 징후이기도 합니다. 물론 예외의 경우도 있지요. 태어날 때부터 질병을 가진 아이, 심각하게 체중이 미달된 아이, 6개월이 지났음에도 불구하고 엄마가 모유만을 주려고 하는 아이들의 경우에는 밤에 한두 번 정도 우유 제품을 통해 보충해 줘야 합니다. 제가 추천하고 싶은 것은 5개월에서 6개월 된 아이들에게 저녁으로 죽을 먹이라는 것입니다. 이후로는 어떠한 경우에도 다시 젖을 먹이거나 우유병을 물리지 말아야 합니다. 만일 아이가 밤에 목말라 하면, 물이나 설탕이 들어가지 않은 차가운 티를 컵에 부어서 주면 됩니다. 여기에서 정말 주의해야 할 것은 먹으면서 잠들지 않게 해야 한다는 점입니다. 물론 아이는 그렇게 하고 싶겠지만

요. 다시 말해 아이가 갈증을 느끼는 것은 문제되지 않습니다. 그러나 가능하면 아이를 화장실이나 부엌에 데려가서 물을 주도록 하라는 얘기죠. 그리고 다른 식구들을 위해서라도 잠을 방해하는 자극, 말하자면 처음에는 아이가 좋아하더라도 결국 잠에서 깨어나게 만드는 행동은 삼가야 합니다. 가령, 여기저기 안고 다니거나 밤에 자동차에 태워서 드라이브를 하는 것도 그러한 예가 될 수 있겠지요.

"박사님, 소중한 정보를 주셔서 진심으로 감사를 드립니다."

生活의 경계를 구분하는 것이 아이들의 육체에는 물론 정신에도 중요한 영향을 미친다는 점을 앞 장에서 설명하였다. 이 경계들을 분명하게 구분해 줌으로써 아이는 방향을 잡을 수 있다. 경계는 시간적으로 그리고 공간적으로 구분된다. 여기에서 말하는 경계란, 앞 장에서 다루었던 먹고 잠자는 문제뿐 아니라 밤과 낮을 구분하는 것이나 하루 일과에서 각각의 활동을 구분하는 것을 뜻한다.

나는 아주 간단한 기본적 조언을 하려고 한다. 사실 알고 보면 이렇게 간단한 일에 대해 왜 논문을 쓰고 발표를 하는지 의아할 정도이다. 진실이란 늘 간단한 법이다. 만일 이런 진실을 망각하면 사태는 복잡하게 변한다. 가령 산에 있는 이정표를 한번 보자. 이 이정표는 우리를 정상까지 인도한다. 그런데 어떤 등산가가 이정표를 따라 가는 것이

너무 지루하다고 생각되어 사람들이 가는 길을 피해 자유롭게 가고 싶은 대로 간다고 가정해 보자. 이 사람은 어쩌면 다른 사람들보다 더 빨리 정상에 도착할 수도 있다. 그러면 자신의 용기와 힘에 대하여 기뻐하게 될 것이다. 그러나 반대로 이 등산가는 우회로를 가다가 협곡이나 낭떠러지가 나오는 곳에 이를 수도 있다. 그렇다면 그는 위험에 빠져서 도움의 손길을 원하게 될 것이다. 만일 우리가 이미 수백만 명의 사람들이 했던 것과는 달리 자유로운 방식으로 아이를 키운다면, 이와 마찬가지의 결과를 낳게 될 것이다. 많은 부모들과 교육학자들은 하품을 시작한 곳에서 잠을 자는 것이 가장 좋다고 말한다. 텔레비전 앞이든 장난감이 쌓여 있는 양탄자 위에서든 상관없다. 그리고 배가 고플 때 먹는 것이 좋다고 한다. 이처럼 아이를 자유롭게 키워야 한다는 그럴듯한 주장에 대한 근거로 이들은 원시 민족들의 경우를 예로 든다. 섬 주민들은 밝은 대낮에 종려나무 아래에 누워 잠을 자며, 원할 때 언제든지 야자 열매를 따먹는다는 것이다. 이런 식으로 주장하는 사람들이 간과하고 있는 사실은, 섬 주민들 역시 낮의 빛과 밤의 어두움에 따라 행동하고 있다는 것이다. 왜냐 하면 이들에게는 전등이 없기 때문이다. 만일 고기를 낚고 싶으면, 썰물과 밀물의 리듬에 적응해야 한다. 만일 이 같은 위대한 리듬에 따라 산다면, 사소한 자유로부터 해를 입지는 않을 것이다. 다시 말해, 원시 민족들도 밤과 낮의 리듬에 맞춰 생활하고 있다는 뜻이다. 그들은 마냥 지유롭게 살아가는 것이 아니다. 그런데 우리는 고도의 기술이 발달한 시대에 살고 있는 탓에 우주의 리듬을 존중하지 않으려 한다. 이러한 태도는 우리를 결국 막다른 골목과 같은 곤경에 처하게 할 것이다. 따라서 무엇보다 우리는 리듬을 잘 지켜 나가야 한다.

- 각각의 생활의 경계에 맞는 장소를 정해 주어라. 아이가 정해진 시간, 정해진 장소에서 잠을 자도록 가르쳐라.
- 식사 시간을 잘 분배하고, 정해진 장소에서만 먹고 마실 수 있도록 신경을 써야 한다. 가령, 식탁에서만 식사를 하도록 하는 것이다. 이때 아이는 항상 자신의 의자에 앉아서 식사를 한다. 물론 갓난아이의 식탁은 엄마의 품이기 때문에, 엄마가 어디에 있든 상관없다.
- 아이가 놀 수 있는 공간을 정해 주어라. 그리고 이 구역을 자는

공간이나 먹는 공간과는 확실하게 구분해 주어야 한다. 그리고 각각의 구역에서는 그에 맞는 정해진 활동을 하게 하고 마무리까지 할 수 있도록 도와준다. 만일 아이가 놀이를 끝냈다면, 장난감을 정리하도록 시키는 것이다. 아이가 포만감을 느낄 때까지 식탁 의자에 앉아 있도록 가르치고, 밥 먹는 중간에 의자에서 일어나는 것을 허용해서는 안 된다. 잠이 들어서 깨어날 때까지 침대 또는 해먹을 떠나지 못하도록 해야 한다.

• 이런 원칙들이 지나치게 엄격해서 아이에게 나쁜 결과를 가져오지 않을까 두려워하지 마라! 물론 이를 반대하는 목소리도 있겠지만, 이 규칙을 지키면 시간과 공간에 질서가 생겨나고 우리에게 자유로운 느낌을 줄 것이다.

아이가 잠을 잘 잘 수 있게 하기 위해, 당신이 어떤 일을 해야 하는지 다시 한 번 요약해 보겠다.

• 아이에게 낮과 밤의 차이를 분명하게 가르쳐 준다.
• 잠을 재우기 위해 우유를 주거나, 여기저기로 아이를 옮기지 않도록 하라.
• 정해진 장소와 정해진 시간을 꼭 지켜라.
• 긴장이 해소되는 분위기를 만들어 보라. 자극적인 행동을 하지 않도록 하라.
• 아이를 잘 감싸서 불안하게 움직이지 않도록 하라.

- 긴장을 완전히 해소할 수 있도록 리듬으로 분위기를 장악하라 (잠자리에 들기 전에 치르는 과정, 흔들어주기 등).
- 예외적인 행동을 하지 않도록 하라. 당신은 잠자는 규칙을 정하는 것이지 아이를 특정한 사람으로 만들려는 것은 아니다.

성장한 아이들의 수면 장애를 해결할 수 있는 몇 가지 방법

이 책의 서두에서처럼, 여기서도 나는 상담실을 찾아온 사람들의 이야기를 들려주려 한다.

야스민은 여섯 살이 되었을 때 남동생이 생겨서 기뻤다. 하지만 그 기쁨은 오래 가지 않았다. 엄마는 저녁 내내 그리고 밤새도록 동생을 돌보느라 정신이 없었던 것이다. 그렇다고 야스민은 아빠를 찾을 수도 없었다. 아빠는 늘 출장을 갔기 때문이다. 오래 전부터 야스민은 엄마와 아빠가 자는 침대에서 잤다. 그런데 뭔가를 요구하면 엄마는 짜증을 냈고 결국 야스민은 이렇게 외쳤던 것이다. "내 침대가 있으면 더 좋겠어!"

이 문제로 부모는 나를 찾아왔다. 야스민에게 자기 침대를 마련해 주면 어떻겠냐는 것이었다. 나는 시점이 좋지 않다고 말해 주었다. 동생을 낳기 한참 전에 이미 야스민의 침대를 따로 마련해 주었다면 훨씬 좋았을 것이라고 말이다. 그렇지 않고 지금 야스민을 자기 침대로 보내면, 동생 때문에 쫓겨난 것이라고 생각할 가능성이 많다. 하지만 야스민의 침대는 당시 꼭 필요했다. 엄마도 아빠도 더 이상 침대에서 쇼를 벌이는 것을 원치 않았다. 어떻게 하면 야스민이 부모의 침대로부터 떠날 수 있을까? 나는 야스민이 자신의 침대가 생기는 것을 좋아하게끔 한번 노력해 보라고 충고했다. 즉, 자기 침대는 벌을 받은 결과가 아니라는 점을 알게 해야 한다. 야스민은 친구들의 집에 놀러 갔을 때 또래 아이들이 어떤 침대에서 자는지 봤을 게 틀림없다. 그리고 혼자 잘 수 있을 만큼 컸다는 것이 얼마나 좋은 일인지를 귀가 솔깃하게 말하면 된다. —이때 동생이 더 많은 사랑을 받는다고 느끼지 않도록, 부모는 딸에게 애정을 듬뿍 주어야 한다. —엄마는 야스민에게 이렇게 말해도 된다. "부모님 곁에서 잠을 자는 어린애들은 발레를 배우러 가지 못해. 큰 아이들만 갈 수 있어. 사랑스러운 야스민, 우리는 말이야, 네가 크면 네가 그렇게 원하던 발레를 배우게 할 작정이란다." 그리고 야스민이 직접 침대를 고르도록 하고, 베개와 이불 역시 자신이 좋아하는 것을 고르게 해야 한다. 침대에 누울 때는 좋아하는 인형—심리학에서는 이를 '과도기적 대상'이라고 부른다—을 안고 잘 수 있도록 허락하는 것도 좋다. 줄을 사용해서 야스민과 엄마의 침대를 연결할 수도 있다. 한 쪽 끝은 야스민이 잡고, 다른 쪽 끝은 엄마의 침대에 묶어 두면 된다. "야스민, 언제라도 내가 필요하면 이 실을 당겨. 그러면 내가 올 테니까. 아마 그런 일이 생기기 전에 넌 반드시 잠이 들 거야. 우리는 너를 혼자 자도록 하지 않을 테니까 걱정하지 마. 엄마나 아빠가 너를 침대에 데리고 와서 안아 주고 재미있는 얘기도 해 주고 함께 수호 천사에게 기도도 할 거야. 그런 다음 불을 끄면, 잠이 올 때까지 침대에 꼭 있어야 한단다. 네가 아침에 깨면 우리는 정말 기쁠 거야."

　야스민의 부모는 내가 일러 준 대로 했다. 며칠 후 야스민은 자신이 더 이상 어린아이가 아니라는 사실에 우쭐했고, 자신의 침대가 생긴 것도 기뻐했다. 그리고 몇 달 전보다 부모로부터 훨씬 많은 사랑을 받고 있는 듯한 느낌도 가질 수 있었다. 사랑을 받으려고 굳이 떼를 쓰지 않아도 부모는 딸에게 많은 애정을 주었던 것이다.

　그로부터 1년이 지난 뒤 이 가족이 다시 나를 찾아왔다. 이때 야스민은 다시금 부부의 침대에 들어와서 잠을 잤는데, 남동생 막스 역시 그동안 많이 자라서 자신의 침대를 사용했으므로 이것이 동생 때문이라고 할 수는 없었다. 알고 보니 야스민은 전쟁과 유령에 대하여 공포를 느끼고 있었다. 이제 뭘 어떻게 해야 하나? 우리는 야스민이 밤새 공포에 떨면서 침대에 누워 있는 것을 그대로 내버려 둘 수 없었다. 하지만, 그렇다고 아이를 부부 침대에서 재우고 싶은 것은 아니라고 야스민의 아빠가 말했다. 나의 조언은 이러했다. 아이의 공포를 부모가 진지하게 받아들여야 한다는 것이다. 이 나이쯤 되면 아이들이 상상의 나래를 마음껏 펼치는 시기이다. 그런데 비판적인 이성이 발달하지 않아서 꿈, 악몽, 현실을 구분하기가 힘들다. 아이가 꿈과 깨어 있는 상태의 경계선에 있다면, 정말 로켓이 창문을 뚫고 들어오고 괴물이 열쇠 구멍을 통해 침입하며 갱단이 자신을 유괴한다고 믿는다. 아이가 그런 무시무시한 공포를 극복하는 것을 돕는 것은 당연히 부모의 과제라 할 수 있다. 하지만 성장한 아이는 엄마와 아빠가 자는 침대에 들어가면 방해가 된다는 사실도 분명히 알아야 한다. 그러므로 엄마 또는 아빠는 이런 말을 해 주어야 한다. "야스민, 넌 나를 방해하고 있어. 나는 혼자서 자고 싶단 말이야. 너도 알잖아. 하지만 혼자 자는 게 정말 무섭다면 내가 도와줄게. 어떤 유령도 널 보지 못하도록 내가 너를 꼭 안고 있을 거야. 머리는 내 목에 바짝 대고, 네 손은 네 배와 내 배 사이에, 그리고 너의 다리는 내 다리 사이에 끼우고 자는 거야. 다른 식으로는 절대 안 돼. 이렇게 자는 것이 너무 답답하다면, 어떤 보호도 더 이상 필요하지 않은 것이라고 생각할게. 그러니 네가 그다지 무섭지 않게 되면 표시를 해 줘야 한다. 그러면 너는 네 침대로 가서 약간 무서워도 혼자 자는 법을 배우렴. 알겠니?"

이 조언 역시 효과가 있었다. 야스민이 다시금 부모님의 침대로 기어 들어왔을 때, 엄마는 내가 시킨 대로 딸애를 꼭 부둥켜안았다. 그러자 야스민은 처음에는 아주 좋아했으나, 몇 분이 지난 뒤 너무 답답하고 더웠다. 아이는 땀을 흘리면서 발을 마음대로 뻗고 싶어했다. 그러자 엄마가 어떻게 할 것인지를 물었다. 야스민은 둘 중 하나를 선택해야 했다. 야스민은 결국 자기 침대로 돌아가겠다고 말했고, 그곳에서 편하게 잠들 수 있었다.

앞에서 말한 방법이 성공할 확률은 95퍼센트이다. 나머지 5퍼센트의 아이들은 더 배려를 해 주어야 할 것이다. 만일 어느 정도 성장한 아이가 자기 침대에서 편하게 자는 것보다 부모의 침대에서 불편하게 자는 것을 더 선호한다면, 이 아이는 상당히 심각한 공포에 시달리고 있다고 봐야 한다. 이때는 공포의 원인에 따라 치료를 받아야 한다. 대부분 아이와 가족 전체가 심리 치료를 받아야 한다. 아이가 엄청난 공포를 느낀다면, 아이는 이를 통해 가족이 뭔가 문제점을 안고 있다는 사실을 알려 주는 셈이다.

여러분들을 위해 마지막으로 어떤 충고를 할 수 있을까? 존경하는 부모님들과 독자들이 이 책에서 읽은 내용을 잘 실천한다면, 분명 잠을 푹 잘 수 있을 것이다. 어쩌면 당신은 아이에게 축복을 내리는 꿈을 꾸게 될지도 모른다.

Helliner, Bert. *Ordnunen der Liebe. Ein Kursuch.* Heidelberg. 2 Aufl. 1995.

Leboyer, Frederick. *Sanfte Hände. Die traditionelle Kunst der indischen Baby-Massage.* München. 14 Aufl. 1995.

Lothrop, Hannah. *Das Stillbuch.* München. 20 Aufl. 1995.

Montessori, Maria. *Kinder sind anders.* München. 1992.

Prekop, Jirina. *Der kleine Tyrann. Welchen Halt brauchen Kinder?* Erweiterte Neuauflage. München. 16 Aufl. 1995.

Prekop, Jirina. *Hättest du mich festgehalten... Grundlagen und Anwendung der Festhalte-Therapie.* München. 5 Aufl. 1994.

Prekop, Jirina / Schweizer, Christel. *Unruhige Kinder. Ein Ratgeber für beunruhigte Eltern.* München. 3 Aufl. 1994.

Prekop, Jirina / Schweizer, Christel. *Kinder sind Gäste, die nach dem Weg fragen. Ein Elternbuch.* München. 9 Aufl. 1995.

Schweizer, Christel / Prekop, Jirina. *Was unsere Kinder unruhige macht ... Ein Elernratgeber: Aufklärungen über Ursachen der Hyperaktivität, Empfehlungen zur Förderung der nomalen Entwicklung.* Stuttgart. 1991.

Weber, Gunthard (Hrsg.). *Zweierlei Glück. Die systemische Psychotherapie Bert Helliners.* Heidelberg. 7 Aufl. 1995.

◯ 그림 설명

47, 48, 50쪽에 있는 그림은 프리트리히 폰 치글리니키(Friedrich von Zglinicki) 가 지은 『요람 : 민속학적–문화사적–미학적–의학적인 관점에서. 500개 이상의 그 림으로 보는 요람 유형』(*Die Wiege: Volkskundlich-kulturgeschichtlich-kunstwissenschaftlich-medizinhistorisch. Eine Wiegen-Typologie mit über 500 Abbildungen*. Regensburg: Friedrich Pustet, 1979)에서 참고한 것이다.